自分のスタイルが見つかる

おしゃれコーチング

mi-mollet BOOKS Vol.1

講談社

contents

第3章

はじめに

未熟から成熟にむかうあなたへ——あなたは、あなたのままでいい

これはウェブマガジン mi-mollet（ミモレ）がスタート時から大切にしてきたメッセージです。ですが、読者の皆様からのコメントやメールを読ませていただくうちに、「日々のコーディネートにも悩んでいるけれど、それ以上に自分の目指すべき〝スタイル〟が分からないという根本的な問いに直面しているのではないか」と編集部は考えるようになりました。

　気持ちを高揚させるためのおしゃれだったはずが、年齢を重ねるうちにどうやら苦悩に変わってしまっているらしいという現状を感じ、その問いを解決するために私たち編集部にできることは何なのか？　日々の配信作業の傍ら、ずっとそのことを考え続けてきました。

　そして、この一冊の本が完成しました。本書では、ミモレが考えるスタイルのある方々に、〝スタイルとは何か？〟〝確立するまでのプロセス〟について語っていただいています。そして、ミモレの財産でもある

Snapコーナーにご登場いただいた、自分のおしゃれを楽しんでいる方々も数多く紹介しています。
でも、それはあくまで単なる一例。唯一無二の正解というわけではありません。あなたのおしゃれの正解は、あなたにしかつくれないとミモレは考えているからです。
どうぞ、大草直子編集長監修のコーチングシートにあなた自身のことを、あなたの言葉でうめてください。本当に好きなものやなりたいイメージを自分自身に問いかけそれらを承認する。その対話を行っていただきたいと作成いたしました。それこそがいちばんお届けしたかった時間です。書き込めば書き込むほど、スタイル探しの旅をより豊かにしてくれ、そして、そのプロセスが、〝私のスタイルとは？〟の答えをあなたにぐっと引き寄せてくれると信じています。

あなたのスタイルは、あなたの中に！
この一冊でスタイル探しの旅を
お楽しみください。

ミモレ編集部

introduction

mi-mollet 編集長　大草直子

白シャツとパール、そして私のスタイル

ウェブマガジン「mi-mollet（ミモレ）」の編集長を務めて3年。読者のリアルなおしゃれの悩みに対峙し、「スタイルとは何か」を問い続けてきたスタイリストの大草直子が、白シャツとパールのスタイルを提案する。考えようと思えば、それは何通りも何十通りもあり、正解は決してない。おしゃれに迷ったら、こんなふうに普遍的なアイテムに絞って、自分ならどう身に着けるかを想像してみるといい。案外、そんなところから自分のスタイルは見つかるかもしれないから——。

ブラウス／エキップモン（サザビーリーグ）　ネックレス／３本すべてボン マジック　デニム／スタイリスト私物

“「成熟を恐れない」こと。まずはそこから始まる”

スタイルがぶれる。スタイルを見失う。その理由の大半は、自分が自分に抱いているイメージと、現実とのギャップが埋められなくなることにある。もう嘆いたり、過去を振り返るのはやめよう。首にできる陰影や、目元の甘さ。髪や肌の変化をまずは認め、愛し、そして楽しめるようになったら。スタイルはあなたにぴたりと寄り添い、あなた自身になっていく。

シャツ／サポート サーフェス（ストラスブルゴ）　デニム／アトリエノティファイ（アマン）　時計／ブライトリング（ブライトリング・ジャパン）　ネックレス（２本を多連にして使用）／２本ともにミキモト（ミキモト カスタマーズ・サービスセンター）　パンプス／ジャンヴィト ロッシ（ジャンヴィト ロッシ ジャパン）

“白シャツを着よう。「今の私」を測るために”

白シャツは厳しい。いや、シャツの在り様としては変わらないけれど。着る私の状況によって、厳しくなったり、頼もしい存在になったりする——と言ったほうが正しいかもしれない。襟の裏はすっきりと清潔かを確認し、どんなフォルムで着るかを判断する。袖を通す前に、今日の私と白シャツとの間合いを測り、想像力を働かせる余裕こそが、必要なのだ。

“服を着る前にパールを胸に耳に、腕に”

海水の温度や状況で、色や大きさ、フォルムが異なり、同じものは二つと生まれない。パールは、有機的で温かい。だからだろうか、パールは私と白シャツの間に、そっと滑り込む。例えばダイヤモンドが、シャツを背景に燦然と輝くのだとしたら、パールは女性の素肌とシャツの間に存在する。そんなふうにナチュラルに見せたいから、時に、服の前にパールを「着る」。

シャツ／フィナモレ（アマン）　ベレー帽／タア（タアトウキョウ）　バングル／2点ともにミズキ、リング／スティーブン デュエック（すべてストラスブルゴ）　デニム／スタイリスト私物

“「変わらないこと」。
そのことの美しさを知る”

トンネルに迷い込んだら、「過去」を眺めてみよう。5年や10年は「ついこの間」だから、そう、100年くらい前がいい。その時代に生きていたおしゃれには、もしかしたら永遠に変わらない美しさがあるかもしれないし、いや、むしろ新しい発見があるかもしれない。首元まできっちりとボタンを留めたシャツに、パールをあしらって。例えば、こんな「端正さ」を今また。

シャツ、ジャケット／ともにブルックス ブラザーズ（ブルックス ブラザーズ ジャパン）　デニム／マディソンブルー　リング／2点ともにTASAKI　バッグ、靴／ともにスタイリスト私物

シャツ／マディソンブルー　デニム／アトリエ ノティファイ(アマン)
ピアス／ボン マジック

“鏡の前に5分。
白シャツはうんと身近になる”

ボタンを全て留め、襟も袖も裾もアレンジせずに、白シャツを「そのまま」着てみると。生気のない、面白みのない自分が鏡に映っている。その時の気分や自分のコンディションに合わせて、ボタンを2つ開け、襟を一度ぐしゃっとつぶし、自然に立たせ。袖をざくざくとまくってみると？　そのまま着て美しい、という簡単なものではないからこそ、白シャツは楽しく面白い。

“そして最後は、
姿勢や表情。佇まい”

服に慣れること、おしゃれを自分に引き寄せることに、時間や心を配ることはとても大切だけれど。それと同じくらい重要なのが、すっと伸びた背筋であり、知的で無垢な目元。そう、その人自身が、スタイルを完成させる。20代より30代、さらにその先の経験値やさまざまな気持ちの積み重ねが、すなわちおしゃれには必要ということ。流れた時間は、いつも私たちの味方。

3連にしたネックレス、ピアス／ともにティファニー（ティファニー・アンド・カンパニー・ジャパン・インク）　パンプス／ジャンヴィトロッシ（ジャンヴィト ロッシ ジャパン）　シャツ、ニット、デニム／すべてスタイリスト私物

シャツ／マディソンブルー　ネックレス、３連ブレスレット、多連のブレスレットにしたネックレス／すべてミキモト（ミキモト カスタマーズ・サービスセンター）　時計／アンティーク ロレックス（シェルマン 新宿・伊勢丹本館3F）　ハット／マイ（1LDK AOYAMA HOTEL）　デニム／スタイリスト私物

Your style is you.

「スタイルのある女性」「彼女を支えるスタイル」なんて、ちょっぴりの憧れを込めてよく言ってしまう。スタイルとは、その人の服の選び方であり、服への愛情のあり方であり、そして独特の着方である。正解はないし、そもそも答えがない。誰かに正解や答えを「もらおう」と思っているのならば。残念ながら、手にしたものはスタイルではなく、コーディネートの一例。厳しいけれど、裏を返せば、実は誰もが「自分のスタイル」という、正解や答えを見つけることができる、ということ。例えば一枚の白シャツ。一粒のパールのピアス。心を決めて、鏡の前であれやこれや、自分と照らし合わせて眺めてみることは、その近道だったりする。襟を立てて、裾を出して——という白シャツの着こなしや、デニムと赤のリップでシンプルに——というパールのあしらいは。すなわち今のあなたであり、まさにそれ自体がもう、スタイルなのだ。あなた自身が「あなたのスタイル」。自信をもって、前を向いて。そのままで、とても素敵。

大草直子

Naoko Okusa

1972年生まれ。大学卒業後、婦人画報社（現ハースト婦人画報社）に入社。雑誌『ヴァンテーヌ』の編集に携わったのち、独立。カタログや広告のスタイリング、ディレクション、講演等で活躍中。2015年よりウェブマガジン「mi-mollet」の編集長を務める。

interview

第1章

スタイルのある人ってどんな人？

インタビュー編

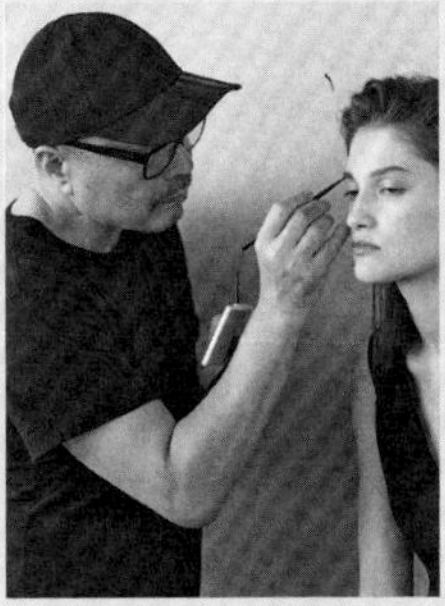

女優

板谷由夏

「好きなものは面白くないくらい ずっと変わらない」

女優・板谷由夏さんのプロデュースするデニムブランド「SINME（シンメ）」が、スタイリストや雑誌のエディター、セレクトショップのバイヤーなどから熱い注目を浴びている。なぜ板谷さんはSINMEをスタートしたのか。そのおしゃれ哲学とは？　トレンドに左右されず、年齢を重ねてもずっと愛し続けられるスタイルを見つけることができた理由とは？子ども時代からのおしゃれ遍歴から探ってみた。

ワンピース、デニム／シンメ（チェルシーフィルムズ）　ストール／エルメス　靴／コンバース　トップス・ネックレス／ノーブランド

撮影に現れた板谷由夏さんは、この日もおしゃれだった。キャメル色のニットにデニム、耳元にはブラックパールのピアスが揺れる。ごくごくベーシックなアイテムを重ねただけなのに、どこか女らしい。肩の力が抜けた大人のカジュアルとは、なるほどこういうものかと、あらためて気づかされる。

「好きなものは、面白くないくらい変わらないんです」

そう言いながら、艶のある声でからりと笑う。デニム、シャツ、シンプルなニットにスニーカー、ローファー。ワードローブの中心を占めるのは、ベーシックなアイテムばかり。それは40代になった今も、おしゃれに目覚め始めた少女の頃と変わりはない。変わったことといえば、手に取るものの質感が上質になった、ただそれだけ。

少し前、子ども時代の写真を見返すうち、さまざまな光景がよみがえってきたという。たとえば小学校の入学式で、周りのみんながフリフリのワンピース姿を競う中、自分は紺のブレザーにネクタイを締め、ネイビーとグリーンのタータンチェックのスカート、ハイ

ソックスに足元はローファーだったこと。ピンクとは無縁で、着るなら赤だったこと。そもそも今に続くトラッド好きは、母の影響だったこと。

生まれ育った福岡はトラッドファッションが深く根付き、おなじみのベーシックブランドに触れるには事欠かない街だった。高校生の頃の定番スタイルといえば、セントジェームスのボーダーシャツにピカデリーのパンツ、トリッカーズのブーツを合わせてエルベシャプリエのトートバッグを持つ。ときにはトレンチやステンカラーのコートをはおり、ジョンストンズのマフラーを巻いたり、ベレー帽をかぶったり。どのアイテムも、それらを重ねたコーディネートをくっきりと描くことができる。さらにいえば、毎日のおしゃれに心躍らせながら、快活に笑う板谷さんの姿も目に浮かぶよう。

「とにかく洋服が好きで、ファッション雑誌も大好きで。タワーレコードの洋書コーナーで、よく海外の雑誌を買っていました。ちょうどスーパーモデル全盛期で、私が好きだったのはケイト・モスとクリスティ・ターリントン。デビュー間もない頃のケイトが『ドゥ

ジャケット、スカート／シンメ（チェルシーフィルムズ）　靴／グッチ
トップス・ピアス／ノーブランド

ファミリィ』のモデルに起用された広告を雑誌で見つけては切り抜いたりしていましたね」

　多感な時期、おしゃれへの好奇心を全開に、時代の真ん中にいたモデルへの憧れを募らせた。

「モデル写真のアップを見ると、ときどき瞳の奥にカメラマンやスタイリストが映り込んでいて、『わぁー、こうやって撮影しているんだ』と、そちらに興味をひかれて。最初は、ファッションや雑誌に携わる、つまり、つくる側に行きたかったんです。でも、世はモデルブームだったから。その影響もあって、だんだん『モデルさん、格好いいな』と夢見るようになりました」

　ほどなくティーン誌のモデルでデビューを果たしたことで、夢は現実のものとなる。その後は、モデル、さらには女優としてのキャリアを重ね、ときにキャスターの顔ものぞかせるなど活動の場を広げながら、私生活では伴侶を得て2児の母となった。さまざまな転機を経て、人生が豊かな広がりを見せた20代から30代、そして40代へ。時が流れようと、環境が変わろうと、トラッドへの愛着は揺らぐことがなかった。ぶれない人なのだ。

　ぶれないといえばもうひとつ、かつて抱いた「つくる側に行きたい」という夢もついえることはなかった。40代を目前に、板谷さんは自らがプロデュースするブランド「SINME（シンメ）」を立ち上げる。

「私の仕事は、常に受け身です。お仕事をいただいて、台本があって、みなさんが用意してくださった場で、持てる力を発揮する。考えてみたら、自分がゼロから何かを生み出したことなどなかった。30代後半って、いろいろ悩む時期ですよね。私も子どもを産んでからずっと、何かしなければ！と悶々と悩んでいて。そうしたら、洋服づくりをやりたかったんだという、昔、思い描いた夢を思い出したんです」

ブランド名の「シンメ」とはすなわち「新芽」。人は、いくつになっても新しい芽を出せるのではないかという希望を託し、30代後半で新たな一歩を踏み出した自身を重ね合わせた。アイテムは必要最小限に絞る。まずはデニムとシャツからスタート。こんな思い切りのよさも板谷さんらしい。ずっと慣れ親しみ、知り尽くしたベーシックなアイテムだからこそ、新しい表現や冒険も可能となるのだろう。そして「ジーンズだから、シャツだからといって、決して男っぽく寄せたくはないの」と言うように、女らしいラインや着こなしにもこだわりを滲《にじ》ませる。

20代の頃は、実は女らしさとうまく折り合いをつけることができなかったのだという。自分の中の女を意識することが苦手で、女として見られることがどうにも気恥ずかしい。男友達とも対等に、男のふりで遊ぶのが好きだった。「ずいぶんと意地を張って、背伸びもしました」と苦笑する。それでも30代にさしかかった頃、ふっと肩の力が抜けて、女らしさを素直に受け入れられるようになった。

「とはいっても、今でも髪が長いときは、どこか男っぽい部分を取り入れないとスカートをはくのもちょっと恥ずかしいタイプで。ミニスカートをはくなら足元はスニーカーとかね。バランスじゃないですかね。メンズっぽいボタンダウンシャツなんかでも、女の人が着るから色っぽい、そんなふうに思います」

ブランドの中心に据えたデニムへの思いは、さらに熱い。

そもそもコーディネートは、ボトムスから発想するのが板谷さんの流儀。まず好きなボトムスを決めて、それからどんなトップスが合うか？と考える。ボトムスがいつでも着こなしの土台となる。いちばん好きなのはリーバイス５０１。板谷さんにとっても「永遠の定番」だ。

「どんなにベーシックなアイテムでもアップデートは必要だと思うんです。ただ私は、流行の形をそのまま取り入れるのではなくて、いつもの５０１のインチを変えて細身にはくとか、メンズを選んでダボッと見せるとか。そこにスニーカーだったり、スリッポンだっ

Yuka Itaya

1975年生まれ。女優として数々の映画やドラマに出演する一方で、「NEWS ZERO」(日本テレビ系列)で長年キャスターをつとめる。2015年よりデニムブランド「SINME(シンメ)」のプロデュースも手がけるなど多方面で活躍。

たり、ときにはピンヒールを合わせてみたり。着こなしで、今の匂いをちゃんとキャッチしたいなと思います」

そんなデニム巧者の目には、「これまではいていたデニムが似合わなくなってきた」「はきなれないとデニムがしっくりこない」などと理由をつけながら、次第にデニムから遠ざかっていく大人たちが、たまらなくもどかしく映るようで……。「絶対、デニムは年齢に関係なく似合うから、固定観念は捨てて、はいてみて！」と、声を大にする。そして、大人だから楽しむことができるデニムを、という思いから、リジッド（＝ノンウォッシュ）デニムに力を入れる。

色落ちする。白いものには色移りもする。洗うと縮む。注意事項だけ並べると、一瞬ひるんでしまいそうだけれど、リジッドデニムの魅力は、何といってもともに時を重ねていく楽しみにある。はき続けることで色が落ちて、その人なりのシワやヒゲができる。3年後、5年後、10年後と表情を変えていく。いわく「育てるジーンズ」。

「自分だけの一本に育っていくのを見るのは楽しいですよ。エイジングは大人の楽しみですから。自分が洋服の色に染まるのではなくて、デニムが自分の色に染まっていく。その人なりの着方だってできる。ジーンズや、それからチノやシャツといったベーシックなアイテムだからこそ、可能性が広がっていくのだと思います」

木にたとえるなら、板谷さんにはおしゃれを育み、支えてきたトラッドという揺るぎない根っこがある。彩り豊かな花を咲かせ、すこやかな枝を伸ばして緑の葉を繁らせ、いつでもひょっこりと新しい芽が顔を出す。成長はとどまることなく、すっくと立つその木の姿形はほかの誰とも違う。

「若いときは考えもしなかったけれど、今は私、80歳になってもきっとジーンズをはいていると思う。『よく育ったのよ』なんて自慢しながら、足元はコンバースで、ちょっと肩を出したりなんかしてね」いたずらっぽく笑いながらも、瞳は確信に満ちている。そんな板谷さんのおばあちゃん姿もまた、くっきりと目に浮かぶのだった。

interview

ボン マジック創業者

故・白井多恵子の言葉

「朝起きたら、まず鏡に向かって ピアスをつけましょう」

2009年に他界した「ボン マジック」の白井多恵子さん。世界中で買い付けた天然石を使い、類い稀なるセンスで生み出される唯一無二のジュエリーは、数多くのファンに愛された。そして今、つける人の個性にどこまでも寄り添うブランドの精神は、長男の白井成実《しげみ》さんに引き継がれている。成実さんの“ミューズ”でもある妻の敦子さんも加わり、「ボン マジック」は新しい時代へと歩み始めた。

ⓒ Creative Director：Babymix
Photographer：Serge Guerand
Stylist：Misaki Ito

Taeko Shirai

1950年生まれ。アパレルでデザイナーとして勤めたのちに、'82年にオリジナル洋服を中心とした「ボン マジック」をスタート。ジュエリーブランドとして確固たる地位を築く。'93年、アクセサリーパーツなどの装飾素材専門店「ネックレス ネックレス」をオープン。2009年に他界。「ボン マジック」現社長＆ディレクターは白井成実さん。

「いくつになっても自分を大事に、認めてあげる。そして毎日少しずつ進化していけるなら、明日が楽しみになる。おしゃれはそういう生き方のための、心構えだと思うのです」

おしゃれの本質を掬《すく》いとるような、そして毎日鏡に向から私たちの背中をそっと押してくれるような——。心に響く言葉の主は、しかし、もういない。白井多恵子さん。珊瑚、翡翠、パール、琥珀といった天然石の美しさに魅せられ、独自の世界をつくりあげた「ボン マジック」の創業者にしてジュエリーデザイナーである。

２００９年に白井さんが惜しまれつつもこの世を去ったあと、「ボン マジック」は、長男である白井成実さんに受け継がれた。仕事に情熱を注ぐとともに溢れるやさしさで育んでくれた母の背中を見て、成実さんは建築を学んだ後、自身もまたジュエリーデザイナーの道へと進んだ。

アトリエも兼ねるサロンの扉を開けると、豊かな色彩が息づく温かみのある空間が広がる。迎えてくださったのは、成実さんと奥さまである敦子さん。季節の花がほ

上から／珊瑚×南洋バロックパールネックレス、トルマリン2連ネックレス、枝珊瑚ネックレス、珊瑚トップネックレス、桃珊瑚ロングネックレス

左から／翡翠×ケシパールネックレス、翡翠×南洋バロックパールネックレス、翡翠×ルビーネックレス、翡翠×天然石ブローチ、白翡翠×天然石ブローチ

のかに香り、美味しいお茶が繊細な器で運ばれる。まるで親しい人の家に招かれたかのような心地よさ。隅々にまで心の行き届いたていねいなおもてなしを、多恵子さんは大切にした。成実さんは語る。

「ジュエリーをお見せする特別な空間やおもてなしへのこだわり、お客さまとじっくり対話しながらものづくりをする姿勢。なぜ母がそれらを大切にしたのか。『ボンマジック』の世界観が鮮明に見えてきたのは、実はつい最近のように思うのです」

　独創的なジュエリーを生み出し、稀有な世界を紡いだ多恵子さんの出発点は洋服だった。立体裁断を学び、洋服のデザイナーとしてキャリアを積み、やがてコスチュームジュエリーを手がけるように。素材のもつ個性を追い求めるうち、従来の既製品ではなく、フランスのヴィンテージのパーツなどに惹かれていった。たとえつくりが粗くても、内包物があっても、ひとつひとつ表情が違う、そこに価値を見出した。だから、ジュエリーの素材を探し始めたとき、いちばんしっくりきたのが南洋のバロックパール、珊瑚、翡翠といった天然石だったのではないか。成実さんは思いを巡らす。
「石の等級といった視点ではなく、あくまでも素材としての魅力がセレクトの基準でした。デザインも、色遊びを主眼においていたというか、貴石と半貴石を大胆に組み合わせたり、珊瑚と翡翠を合わせたり……それまでのルールにとらわれず、挑戦的でとても自由でした。それは、洋服やコスチュームジュエリーを手がけた経験からくる色使いだったと思いますし、いちばんは自分が身につけたいという発想がベースにあったからではないでしょうか」

　美しいもの、大好きなものに、情熱も愛情も惜しまない女性でもあった。
「とにかくいろいろなことに興味があって、自宅も本当に統一感がないんです。一時期、内装も食器も着るものまでピンクにしてしまったようなときもあって。西洋のアンティークも好きでしたし、年齢を重ねるにつれてオリエンタルに興味を深めて中国やチベットの古いものを集めるようになりました。さまざまなテイストを幅広く取り入れて、独自の世界観をつくっていったのだと思います」
　料理が上手でお酒が好きで。夜、ちょっと飲みながらリラックスした様子で仕事をしていた姿が、今も目に浮かぶという。息子にとって母は、「ずっと仕事をしていた人」。もちろん家庭を大事にしながら好きな仕事と両立させていたのだと、今は理解できる。晩年、助手として傍らで仕事をしたのはわずか2年ほど。褒められたことは一度もなかったけれど、それは「満足したら、成長が止まってしまう」という戒めであったのだろうと、母の気持ちを慮《おもんぱか》る。
「厳しいけれど、愛があってやさしい人でした」

　一方、敦子さんは、多恵子さんに会うことはかなわなかった。お二人の出会いは、成実さんがジュエリーデザインを、敦子さんがファッションのスタイリングを学ぶために渡ったロンドンでのこと。しかし、一緒に道を歩むと決めた頃、多恵子さんはすでに病床にあった。
　初めて「ボンマジック」の世界に触れたときの思い出を、敦子さんは「驚きを隠せなかった」と振り返る。なぜなら、そこには自分が知る彼の世界とはまったく違

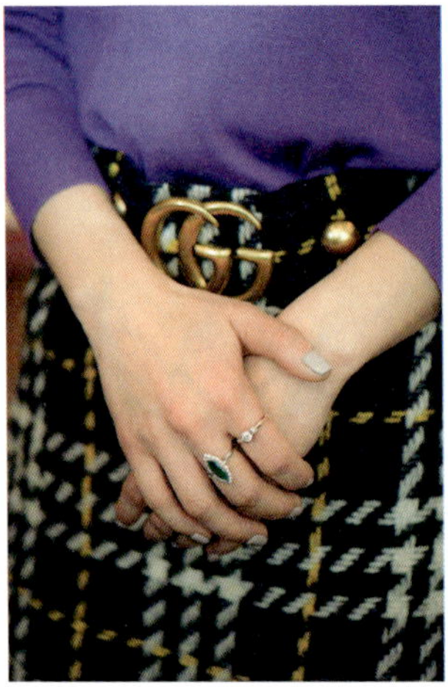

白井成実さんの夫人・敦子さん。英国でスタイリング修業をした経歴を持つ根っからのおしゃれ好き。翡翠のリング（写真左）とレースアップシューズ（中央）は多恵子さんの遺品。やさしく顔なじみのいい桃珊瑚のネックレス（同）もよく似合う。南洋バロックパールのピアスとネックレスをボーダーのニットに合わせ、自分に引き寄せて（右）。

う景色が広がっていたから。ロンドン時代に出会った成実さんが制作するジュエリーは、極めてモダンでエッジィな印象だった。ところが、サロンに一歩足を踏み入れた瞬間、予想だにしなかった温かな雰囲気にふわーっと包まれ、木製の什器の中で穏やかな光を放つ天然素材のジュエリーたちに目を奪われた。何よりも、溢れんばかりの色に魅了されたという。

「ボン マジック」の世界に飛び込み、そのジュエリーを身につけることが次第に日常となっていく中で、敦子さんのファッションにも変化が訪れた。以前はグレーやネイビーばかりだったワードローブに、少しずつ色が加わっていったのだ。

パープルのニットに「私がこんな色を着る日が来るとは！」と朗らかに笑う。黄金色の明るい髪に透き通るような白い肌、耳元にバロックパールが柔らかな光を留める。その着こなしは、ベーシックなアイテムにクラシックなパールを重ねながら、新しく、とても敦子さんらしい。

「色合わせは大事にしていますね。お義母さまのファッションを参考にしたりもします。ここ1〜2年ですかね、遺してくださった洋服に袖を通して、少しリメイクして着てみようかなと思うようになったのは。ジュエリーも自分にはまだまだ早いという気持ちが強かったのですが、最近は、ジュエリーボックスをそっとのぞいてお借りすることもあるんですよ」

　今は毎日身につける翡翠のリングに、守られている気がしてならないという。

　まみえることはなかったけれど、多恵子さんの愛しいものたちは、敦子さんへと確かに受け継がれ、彼女の感性を通して新たな命を吹き込まれている。そして「ボン　マジック」のジュエリーもまた、かつての主の思いを留めながら、〝今〟を生きる。成実さんは言う。

「僕自身モダンなアプローチに興味があったので、シルバーが主体のセカンドラインを立ち上げたり、ファッションとコラボしたり。さまざまな挑戦を経て、いえ、経たからこそ、あらためて母がこだわった世界が見えてきたように思います。おひとりおひとりの人生に寄り添うようなジュエリーを、この空間でお客さまの声にじっくりと耳を傾けてつくりあげる。素材感を大切に、自分たちの手で仕上げてお渡しするという『ボン　マジック』のスタイルを守っていけたらと、今、強く思います。チャレンジは続けながら、それでも、この世界観はずっと大事にしていきたいと思っています」

　人生に寄り添うジュエリー――。多恵子さんにとって、もっとも身近で欠かせない存在だったのがピアスだ。仕事のときも休日も、必ず身につけていた。彫刻入りの珊瑚、翡翠の揺れるタイプ、大きめのパールにシンプルなダイヤモンド、この4つが基本。入院する際も、邪魔にならないようにと小さなダイヤモンドのピアスをつくったほどだった。

「ピアスは高価な美容液に勝る」が持論で、その理由を「顔にいちばん近いアクセサリーだから、お気に入りの素敵なものをしていれば、周りの視線を集めます。すると緊張感も出て、肌に張りが出る気がしませんか」と説いた。だから、「朝起きたら、まず鏡に向かってピアスをつけましょう」と。

　日々の暮らしにそっと寄り添ってくれるジュエリー。そんな心強い味方があれば、今日も前を向き、笑顔で一日を始めることができる、そんなふうに思うのだ。

マディソンブルー ディレクター

中山 まりこ

「おしゃれ迷子になったら、ガツガツ迷うんです(笑)」

自分のスタイルに迷うとき、それは人生に迷っているときかもしれない。避けられない体や環境の変化、心のゆらぎ。人気ブランド「マディソンブルー」ディレクターの中山まりこさんに、自身のおしゃれ迷子期について尋ねた。お会いするたびに、少しずつおしゃれの気分とステージが変わっている中山さんは、もがき続けることもまた、おしゃれの楽しさ、おしゃれを愛することなんだと教えてくれる。

ジャケット、シャツ、スカート／マディソンブルー　靴／ディオール

長年にわたってスタイリストとして重ねたキャリアを生かし、自身のブランド「マディソンブルー」を立ち上げたのが２０１４年のこと。中山まりこさんが、ジャケットやシャツ、デニムといったベーシックなアイテムを通して提案するスタイルは、年齢の垣根を超えておしゃれを楽しみたい女性たちを惹きつけてやまない。そこには、洋服を知り尽くしたプロの視点だけでなく、おしゃれとともに泣き笑いしながら歩んできたひとりの女性としての経験や知恵が脈づいている。だから、着る人の心にまっすぐ届く。何より筋金入りの洋服好き。中山さんにお話を伺ううち、あるキーワードが浮かび上がってきた。それが「おばあちゃん」だ。

「素敵なおばあちゃんになりたい」という思いが芽生えたのは、なんと幼いときだったという。もっとも、こんな光景が脳裏に鮮やかによみがえってきたのは30代になってから。

「祖母が、すごくおしゃれな人だったんですね。白髪に紫のメッシュを入れて、レオナールのワンピースを着たりして。おばあちゃんのピンクって素敵だなあ、と思いました。寝転がって昔話を聞かせてもらっているときには、シワシワの手にごろんと大きな宝石の指輪が光っているのが目に入って。ああ、この手だから宝石が似合うんだろうな、ピチピチとした私の手には似合わないなあ、なんて幼いながらおばあちゃんに憧れたことを思い出したんです」

今思えば、視線は常に年上で格好いい女性を追いかけてきた。スタイルも生き方も。インディアンジュエリーに夢中になった20代の頃、白髪を三つ編みにしたネイティブアメリカンの老女のビジュアルに心をわしづかみにされた。ガサガサでシワが深く刻まれた肌に、ダンガリーシャツをまといインディアンジュエリーを身につけた姿が、たまらなく格好よく映った。

「私、シルクが似合うおばあちゃんより、カサッとしたメンズライクなものが似合うおばあちゃんになりたいんです。それが永遠のテーマ」

「マディソンブルー」のデビューコレクションには、オックスフォードシャツを含む6型のシャツが並んだ。カジュアルな質感は毎日着てもへこたれることなく、洗えば洗うほどふくらみが加わっていく。愛すべき素材はま

ジャケット2点、シャツ／マディソンブルー

た、中山さんをシャツ好きに導いた原点でもある。

「私の世代って、そんなにカジュアルな時代ではなかったから、女の子はシャツじゃなくてブラウスしか着させてもらえなくて。だから、初めて着たシャツのことはよく覚えています。それがオックスフォードのボタンダウンシャツ。ウエストがシェイプされたシルエットで、着た瞬間に背筋がすっと伸びて。すごくヒップな感じがしたの。私にとって、ブラウスを脱いで自分で選んだシャツを着た日が、大人になった日です（笑）」

ふだん着とお出かけ着の境界線が、今よりもずっとくっきりと引かれていた少女時代。ブラウスにスカート、ワンピースにはボレロかジャケットを重ねておめかし。だから、ジャケットにもなじみが深い。

「カーディガンをダラッと着るんだったら、ジャケットを着ちゃったほうがいい。そのほうがカジュアルも締まるでしょ？」ジャケットを日常的に、カジュアルに着こなす感覚は、年季の賜物というわけだ。

さて、シャツにジャケットときてもうひとつ、中山さんのおしゃれを語るうえで忘れてはならないアイテムが

ジャケット、シャツ、スカート、ソファに置いたスカート／3点すべてマディソンブルー　時計／カルティエ

デニムのスカートだ。意外なことに、20代前半まではスタイルが一向に定まらず、古着もエスニックもトレンドもブランドも……とにかく好きなものを日替わりで着るようなおしゃれ放浪者だったという。自分らしいスタイルにようやく行き着いたのは、20代も半ばを過ぎた頃。ジージャンとウエスタンシャツ、そしてデニムのスカートが絶対に欠かせなくなり、ジャケットを合わせるスタイルが定番になった。

「デニムの切りっぱなしのスカートとTシャツがあれば、たとえばハイブランドのジャケットを着ても自分らしくいられる。デニムスカートは、デザイナーと私をつないでくれる存在なんです。全身ブランドでまとめてしまうと居心地が悪いけれど、これに、ちゃんと私らしさがあるから大丈夫」といいながら、愛用するスカートに手を伸ばす。

スカートは自分でリメイクしているうちにどんどん短くなっていき、10年経って「気がつけばミニスカートにたどり着いちゃった」と笑う。ジャケットにシャツ、膝上丈のデニムスカートから伸びる、ほどよく日焼けした素脚。自分らしさを託すことができるスタイルを見つけ

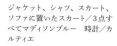

Mariko Nakayama
1964年生まれ。'80年代後半、NY在住時に雑誌『Interview Magazine』等でスタイリスト、雑誌のコーディネーター、NOKKO全米デビューのディレクターとして活躍。'93年に帰国、広告・雑誌・音楽のスタイリングを手がける。2014年より「マディソンブルー」ディレクター。

て20年以上、たとえ迷子になっても帰ってくるところは「ここ」、と絶大な信頼を寄せる。ところが、実は今、「ここ」もなんだかしっくりこないおしゃれ迷走期に入ってしまったというのだ。

きっかけは1年ほど前、南の島でのバカンスから帰ってきたときのこと。いつになく肌の衰えを痛感し、髪の力も落ちたことに愕然とした。

「髪型は全身のバランスをとる部分だから、髪が決まらないと洋服も迷子になってしまいます。日々ぶつぶつ言いながら、鏡の前で洋服をとっかえひっかえ。それでも何を着たらいいかわからなくて、家を出られないことさえあるんです」

驚いた。自分が心地よくいられる揺るぎないスタイルを手にした人がなお、そこまでおしゃれに惑うことがあるとは！　しかし、これまで当たり前に着ていた服にふと違和感を覚え、試行錯誤のうえ解決法を見出したところで、またわからなくなって道を見失う時期がやってくる。中山さんとて、実のところその繰り返しなのだという。

30代初めで出産した後、定番だったリーバイス５０１

が似合わなくなった。まいったけれど、そのときの迷いはいつの間にかなんとなく解消。40代になって、大好きだった黒が似合わなくなった。ちょうど子どもの中学受験の時期と重なり、「何を着ていいかわからない」悩みに拍車がかかった。少し明るめのシルバーグレーを初めて手に取り、自分らしくいられるネイビーのスーツを納得がいくまでとことん探した。

「誰かと違うことが自分のスタイルではないし、だからといって一緒がいいわけじゃない。私、迷っているときにやってはいけないのは、安易にファストファッションなどに逃げることだと思います。ほどよくトレンディなスタイルをとりあえず試してみても、一瞬気分は上がるかもしれないけれど、なんの解決にもならない。特に40代は、トレンドの取り入れ方には注意を払うべき。トレンディなものほどスタイルのない人に見せてしまいますから。だからといって、じゃあ、すべてハイブランドの高い服にしなさいというわけではないんです。ただ、上質な服は知っておいたほうがいいと思います。たとえ見えない裏側でも、素材も縫製も細部にまでこだわった服とはどういうものなのか。今まで足を踏み入れたことのない店にも出かけて試着してみるのもいい。試して、試していいものを体で知る、自分の心にも体にもぴたっとくる服を見つける努力を惜しんではいけません。迷いから簡単に脱出できるとは思わないで」

たびたびの迷走期をくぐり抜けてきた中山さんならではの、力のある言葉。さらに、

「迷子になったら、ガツガツ迷う(笑)。あちこちぶつかって這い上がろうとしたときに、きっと新しい自分が見つかると思う。だから、迷子は〝チャンス〟でもあるんです」と、これは、迷いの只中にある自分へのエールでもあるのだろうか。

「自分が着てきたもの、見てきたものの中にもヒントがあるかもしれない」とも言う。洋服にまつわる数多の思い出や鮮明な記憶が、いくつもの引き出しにしまわれている中山さんには及ぶべくもないけれど。

「もしおしゃれを褒められたら、覚えておいたほうがいいですよね。『そのスカートいいね！』と言われたら、『ありがとう』って、ちゃんと受け止める。そうすることで自分の中に留めることができるんじゃないでしょうか」

ささやかな心がけが、明日のおしゃれにつながっていく。

ジャケット、スカート／マディソンブルー　時計／カルティエ　靴／セリーヌ

interview

キッカ ブランドクリエイター

吉川康雄

「努力すべきは、今日の自分を最高にきれいにしていくこと」

おしゃれは全身のバランス。なのに首から上は？ ファッションは完璧なのに、ちぐはぐな髪型やメイク。それではスタイルのある人とは言えない。その人を体現するのは、肌や髪もしかり。老いや衰えのサインが表れ、自信をなくしている人もいるだろう。でもそれでいいのだと「CHICCA(キッカ)」ブランドクリエイター吉川康雄さんは言う。過去に戻るのではなく、今の自分を受け入れよう、と。

ドレス／アーチェロ アン（ウームス オフィス） ピアス／ともにマリア ブラック（ショールーム セッション）

吉川康雄さんの仕事の現場は、ちょっとした驚きに満ちていた。メイクルームではなく自然光が入るスタジオの一角にモデルを座らせ、リラックスした雰囲気でメイクを仕上げていく。テーブルに並べられた化粧品の種類や数も、「えっ、これだけ?」と肩透かしをくらうような少なさだ。ニューヨークを拠点に世界の舞台で活躍するトップメイクアップアーティスト。ファッション誌の表紙や広告のオファーが引きも切らず、名立たるセレブリティが信頼を寄せるその人が繰り出す言葉もまた、小気味よく核心をついていく。

「〝10年前の自分〟なんて存在もしなければ、そこに戻れるマジックもない」

「人に憧れる前に、まず自分自身の姿を見ること」

「テレビを見ながら痩せられる方法は絶対にない」……。

つい目をそらしてしまいがちな現実を突きつけ、思い込みや勘違いを軽快な口調で覆す。特に、肌へのこだわりに一切の妥協はない。

「みんな肌がいちばん間違っていると思う。世直しは肌からです」。冗談めかしながらも、一段と熱がこもる。

１９９５年に活動の拠点をニューヨークに移した吉川さんは、日本に一時帰国したときに街で見かけた女性たち、とりわけ30代があまりに元気がなくて萎《しお》れて見えることに衝撃を受けたという。

「食事を制限したりする不健康なダイエットのせいなのか、たるんだ肌で顔色も悪くて、それなのに、みんなそれを強調するようにお粉をパタパタはたいている。マットな質感が不幸顔に見せてしまうことに、なぜ気がつかないんだろうと不思議に思いました」

２０００年代前半、日本はパウダリーファンデーション全盛の時代。吉川さんが大事にする「ツヤ肌」とは対極にある世の流行に強い違和感を抱いたことが、自身がプロデュースする「ＣＨＩＣＣＡ（キッカ）」の誕生につながった。オイルベースのファンデーションで〝極薄の膜〟をつくり均一で美しい肌に整える。その人が本来持っている素肌美を生かしたツヤのある質感を提唱して、ＣＨＩＣＣＡを率いること10年。今やツヤを謳《うた》わないブランドはないといってもいいほど「ツヤ肌」は世に浸透し、主流になった感がある。ところが吉川さんは、「それでも間違っている」と言うのだ。

「〝ツヤ〟という言葉を使いながら、ほとんどのブランドのファンデーションの作り方や考え方は昔ながらのそれとあまり変わっていない。僕たちが提案する、オイルでツヤを出す皮膚を真似した肌づくりを目指しているところは、まだまだ少ないように思います。それに『ツヤ肌の次は何が来る？』って言うけれど、そんなものはない。ツヤ肌は流行じゃないんだから」

目指すべきは、人間らしい生き生きとした素肌。とはいうものの、40代ともなれば、シミ、シワ、たるみにくすみ……あらゆる目先の変化が気になり、透明感にも自信を失いがち。いや、だからこそ、肌づくりに対する思い込みを正すべきなのだという。

「人間の肌って、キャンバスじゃない。塗りこめて隠してしまうものではないんです。いろいろなものを塗ったり足したりすればするほど、どんどん不透明になっていく。厚化粧は人を老けさせるだけです。まずファンデーションを選ぶとき、ほとんどの人が試しに手の甲で色を見ますよね。これが間違い。ファンデーションはデコルテの色に合わせて選ぶ。デコルテと顔の色が違うと、いきなりメイクした感が出てしまいます。そもそもファンデーションが『見える』こと自体がアウト。自分の肌と違う質感だから見えるのであって、本当は見えてはいけないもの。『見えない』ことにこだわる肌づくりに発想を転換できたら、メイクは劇的に変わります」

鏡の中にふと見つけた老いや衰えのサインに心が揺らぐのは当然のこと。でも、それをやみくもに隠そうとしたり、あたかも過去の肌に戻れるかのような惹句《じゃっく》に踊らされるのはナンセンス。ましてや現実から逃げてきれいになる努力を放棄してしまうなんて、あまりにもったいない。なぜなら「人間の肌はいくつになってもきれいだから」。吉川さんは断言する。

「僕は、すべての世代の肌に透明感やピュアさがあると思います。だから、前のほうがよかったなんて絶対に思わないこと。朝、光の中で起きたときの肌を見て、自分の肌の美しさを感じる。そこから、もっとよくするにはどうしたらいいだろう？と考える。努力すべきは、今日の自分を最高にきれいにしていくことなんじゃないかな。ハリを与えようとか血色をよくしようとか、眉をびしっと描いてもいいし、アイラインを強く入れても真っ赤な口紅を塗ってもいい。だけど、人間らしい質感だけは決して捨てちゃいけないんです」

今回のメイクで使用したのは「CHICCA」を代表するアイテムと言っても過言ではないメスメリック リップスティック。自分の唇の色を最大限に美しく見せるための〝2/5発色〟という、これまでにない画期的なコンセプトで、リップメイクの価値観を変えたといわれている。中でも人気の定番カラーは06のルーセントレッド。つける人によってリップの色が変わり、自分だけの色に唇を染めてくれる。

Yasuo Yoshikawa

1959年生まれ。'95年渡米。現在はNYを拠点に各国版『VOGUE』などのカバー撮影、ファッション撮影のほか、広告、コレクション、セレブリティのポートレイトなど、幅広く活躍中。著書に『生まれつき美人に見せる』(ダイヤモンド社)など。

生命力を湛《たた》えた美しい素肌のためには、スキンケアに心を配ることも大事。でも、何より健康的に日々の生活を送ることが、内側から健やかなツヤや輝きを生み出すのではないかという。さらに、

「おしゃれも同じで、自分の体をきちんとメンテナンスしていないと洋服って似合わなくなってきますよね。肌も大切なのは自己管理。食事を制限して運動もせずにただ痩せたとしても、それは健康的とはいえないと思う」

手厳しい言葉が飛ぶ。そして「極論を言えば、素肌がきれいなら、素顔でドレスアップしてもいいんです」とも。

しかし、となるとメイクの意味や役割は、どこにあるのだろう。

「もちろん自分をより素敵に見せるためのものです。ただ、洋服もおしゃれ、髪型も完璧ときて、メイクまで頑張ってしまうのはトゥーマッチというもの。行き過ぎた瞬間、素敵じゃなくなります。そもそも洋服と髪型、それとメイクは役割が違う。たとえば、遠くから歩いてくる人が『あ、素敵だな』と目に留まる。それは、もっぱらコーディネートと髪型が与える印象です。顔なんて見えていない。メイクはどこまでも接近戦。近くで見たときに、思わず触れたくなるような魅力的な質感があって、色もちょうどいい具合にのっていればいい。遠目にはっきりさせる必要なんてまったくないんです」

洋服と髪型と、メイク。距離によってアピールするものが違うことを知り、全身を見て引き算ができる潔さと賢さを身につける。つまりはバランスが大事ということ。

吉川さんは幾度となく繰り返す。まずは、自分がもっているものを大切にする。そして、年齢を重ねることを決してネガティブに捉えるべきではない、と。悩みは尽きず、肌や髪、体型の変化に肩を落とすこともあるけれど、それも含めて自分を受け入れて認めてあげなければ何も始まらない。

「一生ドキドキ、ワクワクしてきれいなものを楽しんだり、ちょっと自分がイケてると思って気分が上がったり。そんなふうに、楽しくちゃんと年をとっていけたらいいよね」

ユーモアを滲ませながら、ときには少しばかり耳が痛く、それでも「大人であることを楽しみなさい」と促してくれる言葉の数々。その裏には、揺るぎない美学と美しさへの飽くなき探求心が潜んでいた。

第2章

スタイルを見つけた人のリアルコーディネート

スナップ編

熊倉正子 mEeyye ファウンダー

mi-mollet
Style 01

「私がたどりついた5つのスタイル」

プリントシャツで魅せる万能コーディネート

'80年代に日本初のラグジュアリーブランド専門PR会社を立ち上げたことだけでなく、ご自身の飛び抜けたセンスと着こなしから、幾多の雑誌でもひっぱりだこだった熊倉さん。実はその頃から、好きなものも好みのスタイルさえも、あまり変わってないそう。

「もちろん'80年代は当時の流行であったヴィヴィッドな色の服を着たり、'90年代は子どもが生まれたことや仕事上の立場から、よりコンサバな着こなしだった、などの変化はあったけれど、シンプルでミニマルなものが好き、という基本はずっと変わっていません」

その言葉を裏付けるように、今回紹介していただいたコーディネートのほとんどのアイテムは、10年以上愛用しているものばかり、というから驚く。

「このエルメスのシャツは、祖母から譲り受けた品。バーキンは'80年代前半に購入したもの。もうすっかりボロボロですけど(笑)。デニムはエストネーションで試着して気に入り、購入したレッドカードです。プリントのシャツは華やかにまとまるので、ビジネスミーティングにはもちろん、友人とのランチやリゾート先でも使えてすごく便利。そういう意味でも案外よくコーディネートに登場するアイテムです」

では熊倉さんがファッションで参考にしているものは?と尋ねると「建築やデザイン、ガーデニングからタブロイド的情報まで、全てインスタグラムね」とやや意外な(?)答え。でもそんな旬の情報を常にアップデートすることも、時代を捉える感覚磨きのひとつなのかもしれない。

シャツ、バッグ／エルメス　デニム／レッドカード　アイウエア／mE eyye　靴／アルバロ

トップス／ブルネロクチネリ　スカート／ダナ・キャラン　アイウエア／mEeyye　靴／ポール アンドリュー

プチフォーマルなルックは明るい色だけでまとめて

淡いベージュピンクのトップスにベージュのスカート、さらにベージュピンクのハイヒールと、ベージュのグラデーションで全身揃えたコーディネート。一見非常にシンプルだが、明るいトーンでまとめ、シルクの艶やレースなど女らしい質感を添えることで、洗礼式やカジュアルな結婚式といった、少しフォーマルな場にも最適だという。

「ちょっとしたフォーマルというと日本では無難な黒を選びがちですが、ヨーロッパではお祝いの席に黒はNGなので、明るい色でまとめます。クチネリのトップスは、ピンクだけれどベージュに近いものを探していて、たまたま街で見かけた時に買いました。突然〝どうしてもこれが欲しい〟という気持ちになることがあり、そういうときは数日かけて探して買います。ダナ・キャランのスカートは'90年代前半に買ったもので、大事にはいていたらいつの間にか超ヴィンテージに(笑)」

それほど長く愛せる一着を見つけるためには、かなりの試行錯誤があったのではと聞いてみると「私、買い物はすごく早いの。仕事柄、デザイナーのショールームでオーダーすることが多いのですが、そういう時は試着もしないかも」とあっさり。それは熊倉さんにしかできないのでは……! と白旗をあげそうになったところ「でももう何度もトライしていて、このブランドは自分に合うとわかっているからできることなんですよね」と種明かしをしてくれた。

「自分に似合う服を見つけるには、とにかくたくさん試着して、鏡をよく見る。そして全身あらゆるところをチェックする。今はセルフィを撮ったりもできますし。似合う服を見つけるのって難しいけれど〝似合わない服〟はわかりますよね。納得できなかったら絶対買わない。まずはそこから!」

トップス／サンローラン　パンツ／カレント エリオット
バッグ／シャネル　靴／ジャンヴィト ロッシ

ディテールあるアイテムは モノトーンでまとめてさらりと

「トップスは、トム・フォードの頃のサンローラン。なかなかこれも古いでしょ」と笑う熊倉さん。シャーリングの入った、こんなデザイン性のあるものこそ、コーディネートはごくシンプルにまとめるのが信条だ。「デコラティブなものにさらにインパクトのあるものを重ねるような、オーバーコーディネートはしない派です。すっきりまとめたいから、全体的に色もほぼモノトーンにおさえました」

最近では、新しい服を買うことはほとんどないという。「私ぐらいの年齢になると、かなりヴィンテージの在庫ができてくるので、シーズンごとに〝これ〟と決めたものだけ出し、残りは次の機会までしまっておくんです。なので新しく買うものは靴、そしてたまにバッグぐらい。最近サンダルはほとんどアルバロ。フラットで使いやすく、リゾートにもぴったり。この着こなしにはジャンヴィト ロッシのヒールを合わせましたが、ポール アンドリューも多いですね」

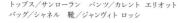

シャツ／エキップモン　デニム／レッドカード　ベルト／シャネル
サンダル／アルバロ

仕事スタイルに選ぶのは きちんと感のあるシャツ

以前は仕事の際、立場上ジャケットを着たりと、かっちりした装いが多かったそう。しかし現在の〝お仕事スタイル〟はというと、もっぱらシャツを取り入れたラフな着こなしがメイン。

「今の時代、仕事でもみんなカジュアルですよね。ショールームにジャケットとヒールなんてスタイルで行っちゃうと、誰?ってなっちゃう。でもシャツは好きだし、きちんとした印象と自分らしさも出せます」

実はエキップモンのシャツは、同じものを3枚着倒して、これが最後の1枚なのだそう。

「襟の形や袖、とにかくパーフェクトで、もう私の肌だと思えるほど。私は気に入ったものはよく色違いで揃えたりします。日々違う印象なんて必要なく、似合っているならいつも同じでいい。忙しい時は洋服で迷ったりしたくないし、着て間違いないものが揃っていれば、それが一番素敵に見えて心地もいい。みんな本当に、同じ服でいいと思うんですよ(笑)」

合わせるもので印象がガラリ。一枚で様になるドレス

5つ目のスタイルとして、シックなドレス姿で登場した熊倉さん。思わず、ソワレ！という感じですね、と感想を漏らすと「でもこのドレスは素材感が軽いから、ヒールでなくてサンダルを合わせれば、夏のパーティなどにも活躍するの。色々なシチュエーションに合わせられるから、便利なのよ」とのこと。

同じ一枚でも、合わせるものによって幅広く着こなすのはさすが。さらにティアドロップのサングラスを加え、キメすぎないところも熊倉さんらしい。

「ちゃんとしたソワレならロングドレスも着るけれど、今はカジュアルな人も多いですし、あまり自分だけフォーマルにするのも何なので……。そのぶん、バッグはきちんとしたものを選択。日中はバーキンや籠バッグなど、なんでも入る大きいものを愛用してますが、夜の外出の時は必ず別のものにします。ロジェヴィヴィエのバッグはソワレ用なので、これさえあればきちんと夜のイメージになるから、重宝していますね」

最後に、着こなしに悩む人に何かアドバイスは？と尋ねると「自分がどんなイメージになりたいか考えること」ときっぱり。

「洋服って、自分自身のイメージを作るために着るもので、あくまでも己の補助部品として考えるべきだと思うんです。自分はどういうイメージになりたいのか、どんな演出をしたいのかがはっきりすれば、物事はとても簡単になります。逆に、具体的なアイディアもないのにまとめることこそ難しい。例えば、マリリン・モンローのようになりたいならセクシーさが何よりも大切だし、グウィネス・パルトロウに憧れる人は、力の抜けたナチュラルさが鍵になるはず。そうやって目指す方向性をきちんと捉えられるようになれば、服選びも自然と決まってくると思います」

ワンピース／コスチューム ナショナル　サングラス／mEeyye　バッグ／ロジェ ヴィヴィエ　靴／ポール アンドリュー

Masako Kumakura

1959年生まれ。ラグジュアリーブランド専門PR会社「KIC」を'87年に設立。その後、仏版『VOGUE』のディレクター、グッチグループブランドのディレクターを経て、2017年にアイウエアブランド「mEeyye」を設立。

基本的に辛口ですが、可愛いものに反応するチャンネルもあります

　自分の好きなテイストは、基本的にずっと変わっていないと思います。Tシャツやシャツを合わせたデニムスタイルが好き。その上にジャケットをはおったり、ニットを重ねたり。足元はいつも、フラットシューズ。たまにヒールも履きたくなりますが、やっぱり苦手(笑)。窮屈に感じる格好はしません。色は黒をベースに、白やグレー、たまにピンクや赤。色もスタイルも辛口が好きなんですが、可愛いものに反応するチャンネルもあったりします。季節の境目には気分を変えたくてヴィンテージのTシャツに心を奪われることも。どんなにトレンドでも自分の心が動かないものは着ません。服に関してはきっと頑固なんですね。

1

　買い物に行くお店も学生の頃からあまり変わっていないかも。SHIPSやBEAMSは当時もよく行っていましたし、今はもうないですが、ルイセットも大好きでした。

　仕事でのスタイリングでも自分が着る服にしても、ファッションのヒントは、街の中にいる人＝実際に着ているスタイリングにあると思っています。旅先でも、街行く人を眺めるのが好きです。

　他にスタイリングの参考にしているのは、ピンタレストで見ているファッションスナップ。仏版『VOGUE』の編集長エマニュエル・アルトの私服はよく見ています。自分らしい定番があって惹かれるんです。

2

3

4

5

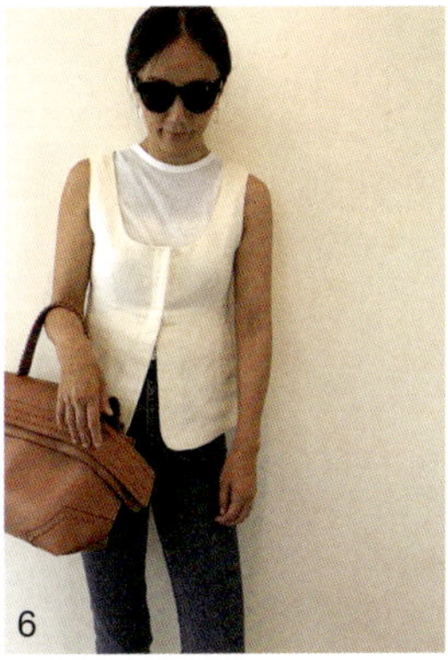
6

7

Mie Saito

アパレル会社を経て、専業主婦からスタイリストに。『VERY』『HERS』を始め、女性ファッション誌を中心に活躍中。ベーシックを軸にした高感度でやや辛口な大人カジュアルにファンが多数。

1ジャケット、パンツ／アンルート　Tシャツ／キース ニューヨーク×ナイキ　ビーチサンダル／ヘンリーヘンリー　**2**シャツ／テン バイ ロンハーマン　デニム／シチズンズ・オブ・ヒューマニティ　パンプス／セルジオ ロッシ　**3**ブラウス／ジョンリンクス　デニム／シチズンズ・オブ・ヒューマニティ　サンダル／ロベール クレジュリー　バッグ／アズディン アライア　**4**ニット／ユニクロ ユー　シャツ／ジェーン スミス　レギンス／靴下屋　バレエシューズ／ルイ・ヴィトン　**5**ワンピース／ヨーロピアン カルチャー　バングル／ティファニー　サンダル／ミュラー オブ ヨシオクボ　**6**ジレ／バッカ　カットソー／フィルメランジェ　デニム／マウジー　バッグ／トッズ　サングラス／メゾンキツネ×オリバーピープルズ　**7**Tシャツ／ヴィンテージ　パンツ／エディション　サングラス／オリバーピープルズ

田中雅美 スタイリスト

シンプルなコーディネートは仕事に集中するための〝制服〟です

スタイリストとして仕事をするからには、どんなテーマが来ても応えられるようにしたいと思っています。そのために時間を作っては、美術作品、舞台、書籍などに積極的に触れて、頭の中のアイディアの引き出しを増やすようにしています。

仕事とは対照的に、プライベートでの自分のスタイリングはいたってシンプル。コーディネートするときは、まずボトム選びから。基本的にワイドパンツで、雨だったらクロップトにしたり。ブランドはセリーヌとドリス ヴァン ノッテンが多いと思います。トップスは、春と秋はジョン スメドレーのコットン素材のニット、冬はウール素材のニット、どちらもメンズのVネックが基本で、サルヴァトーレ ピッコロ、シャルベやバルバなどのシャツも。夏はドン・キホーテで買っているギルダンのTシャツ。自分のスタイルを模索中で、絶対にこれと決まっているわけではありませんが、これらは仕事に集中するための私の〝制服〟。モノトーンが多いのは、撮影では〝映り込みしない黒〟〝レフ板代わりになる白〟を着るというのを、アシスタント時代から意識していて、それが体に染み込んでいるからのような気がします(笑)。

1

そこにアクセサリーを少し。スタイリングがシンプルだから、小物はポイントになるインパクトのあるもの、エッジィなものに惹かれるのかもしれません。

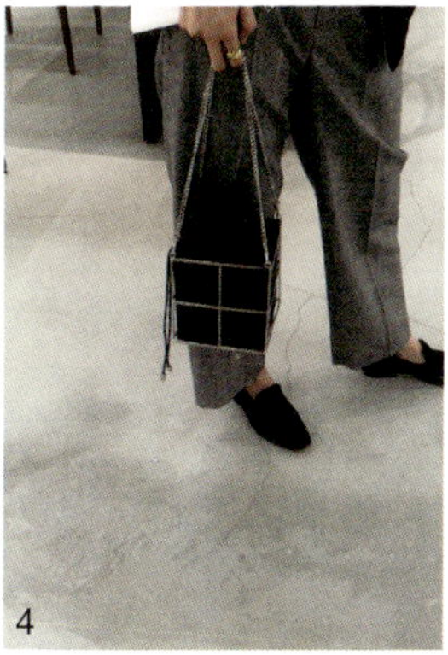
4

3

2

7

6

5

Masami Tanaka

エディトリアルを中心に、広告、カタログ、女優のスタイリングなど幅広く活躍。ハンサムな中にフェミニンさの垣間見えるスタイルが得意。エッジィなトレンドと愛される名品のミックスが日々のスタイリングテーマ。

1Tシャツ／ギルダン　パンツ、ネックレス、サンダル／セリーヌ **2**シャツ／サルヴァトーレ ピッコロ　パンツ／アストラット　**3**ブレザー、シャツ／ブルックス ブラザーズ　**4**バッグ／アガシック **5**シューズ／エルメス　**6**リング／すべてトーカティブ　**7**スカート／オプションズ

普通の服をどう組み合わせ、何を足したら今っぽくなるか

　いちばん根底にあるのは、デニムとかボーダーとかチノとか、普通の服が好きだということ。普通の服をどう組み合わせ、何を足すと今っぽくなるか考えます。そこにTPOを加味。例えば、撮影なら動きやすさ、リースならたくさん歩けること、今は子どもが小さいので、一緒に過ごすときは汚れてもいいもの。よっぽどのイベントがない限りは、ラクチンで着心地もよいものにたどり着いてしまうのですが、気をつけていることがいくつかあります。「アクセサリーをつける」「シルエットを上下どちらかフィットさせる」「上質な小物を使う」など、女性らしさをどこかに忍ばせること。

1

　今のようなスタイルにたどり着くまでには、いろいろなファッションを経験しました。高校生のときはアニエスベーに憧れてボーターカットソーを買い、20代は女性らしいスカートにヒール、髪も巻き、異性の視線をかなり意識したファッションでした(笑)。

　仕事の上ではトレンドものには何でも挑戦。スタイリストとしては、必要な時期だったと思いますが、自分の軸はまだなかった。その後、30歳でパリに留学し、自分のスタイルができたと思っています。何を好きなのか、どんなスタイリングがしたいかをゆっくりと考えられましたし、年齢問わず自分の軸を持つフランス人の中で生活できたことは、大きな刺激になりました。

4

3

2

7

6

5

Makoto Fukuda

女性誌を中心に広告、CM、カタログなどで活躍。2009年にフランスへ留学。現在、1児の母。初の著書『38歳から着たい服 本当に似合うものだけ少量持つ』(すばる舎) がベストセラーに。

1コート/SANYO×福田麻琴　ニット/ドレステリア　シャツ/アパルトモン ドゥーズィエム クラス　メガネ/アヤメ　パンツ/12closet×福田麻琴　ソックス/ヤエカ　靴/A.P.C.　**2**ワンピース/ドゥーズィエム クラス　デニム/古着リーバイス　ベルト/ノーブランド　カゴバッグ/サンアルシデ　サンダル/ミッシェルヴィヴィアン　**3**カットソー/ジェーン スミス　デニム/シンゾーン　エスパドリーユ/カスタニエール　バッグ/ナチュラリア　**4**ニット/ジェームスパース　デニム/古着リーバイス　バッグ/シーカー×花楓　シューズ/メゾン マルジェラ　**5**ニット/ドレステリア　パンツ/ハイク　バッグ/ルイ・ヴィトン　スカーフ/エルメス　シューズ/ファビオルスコーニ　**6**カーディガン、デニム/アクネ ストゥディオズ　Tシャツ/ミュラー オブ ヨシオクボ　シューズ/メゾン マルジェラ　**7**トップス/サンスペル　スカート/スティーブン アラン　帽子/キジマ タカユキ　バッグ/エルメス　パンプス/マノロ ブラニク

室井由美子　スタイリスト

自分のいいところを生かせば、おしゃれはもっと楽しくなる

　コンプレックスではなく、自分のいいところに目を向けられるようになったら、おしゃれは楽しくなると思っています。そのことに気づいたのは、30歳になるくらいの頃。20代のときは高いヒールしか履かず、「フラットシューズなんてありえない!!」とさえ思っていました。

　でも、年齢を重ねるにつれ段々と仕事が忙しくなり、本当にがむしゃらに働いていた時期があったのです。そのときは、ヒールを履いて髪をきれいに巻いて、と自分を取り繕う余裕がまったくありませんでした。あるとき、もう「ありのままの自分でいいやっ」と思いまして。そのくらいの時期から、自分のコンプレックスをどう隠すかではなく、自分のいいところにもっと目を向けて、それを生かすような服装をすればいい！　と考えるようになってきたのです。

　服を着ることは、ひとつの自己表現ですが、毎日のことですし、無理をしすぎると続きません。着ていて気持ちがよく、そして何より自分らしくいられるものがいちばんです。このことは、自分のコーディネートを考えるときもそうですが、スタイリストのお仕事を通して皆様にもお伝えしたいこと。自然にありのままのほうが楽ですし、ファッションだって、はたまた大きくいえば仕事や人生だって、いいほうに流れていく気がする、それが私自身の実感です。

4

3

2

7

6

5

Yumiko Muroi

真似しやすいベーシックなアイテムを使いつつも、しっかりとトレンドをおさえた等身大のおしゃれセンスが人気。雑誌をベースに、ブランドプロデュース、スタイリングイベントなど活動の幅を広げている。

1ジャケット／アクネ ストゥディオズ　トップス、スカート／ドゥロワー　バッグ／L.L.Bean　サングラス／モスコット　スカーフ／マニプリ　タイツ／ピエールマントゥー　靴／アディダス オリジナルス×ハイク　**2**カーディガン／ハイアリン　シャツ／ドゥロワー　パンツ／ドゥロワー　バッグ／J&M デヴィッドソン　靴／ラ テナーチェ　**3**シャツ／ドゥロワー　スカート／オーガニック ジョン パトリック　バッグ／J&M デヴィッドソン　スカーフ／キンロック　サンダル／ジャンヴィト ロッシ　サングラス／セリーヌ　**4**コート／ブルーバードブルバード　トップス／MS3　パンツ／アッパーハイツ　バッグ／ジミーチュウ、L.L.Bean　スカーフ／マニプリ　靴／チャーチ　**5**コート／ドゥロワー　トップス／エトロ　スカート／ザラ　バッグ／セリーヌ　タイツ／ピエールマントゥー　靴／ルチェンティ　**6**ジャケット、ニット／ドゥロワー　スカート／サイ　ストール／ボッテガ ヴェネタ　バングル／エルメス　**7**シャツ／ハイク　スカート／ブルーバードブルバード　バッグ／セリーヌ　靴／マルニ　サングラス／モスコット

着方や小物使いで女っぽさを感じさせる着こなしが好き

自分のスタイルを見つけるには、ピンときたものを、少しだけ深く掘り下げてみることが大切。そうすると自分の好きなものが少しずつ明確になってくるんです。

私自身、失敗を繰り返しながらたどり着いたのは、服自体に女っぽさは求めていないけれど、着方やアクセサリー使いなどで、どこか女っぽさを感じさせる着こなし。だから、華奢なヒールの靴を履くことが多いんですね。撮影などで動き回る日は難しいこともありますが、許されるならいつもヒールを履いていたい。ヒールの高い靴を履くと背筋も気持ちもピシッとする。そんなところも好きなんです。

1

子どもの頃から変わらず、色ならカーキや紫、ベージュ、テイストで言うなら、ミリタリーに惹かれます。服の色や素材の〝合わせ〟を考えるのが好きで、それがファッションの醍醐味だと思いますね。そして、変わらず好きなもの＝マイベーシックはあるけれど、シーズンごとのトレンドも、必ずチャレンジします。最近は、若い世代も大人もトレンドにあまり違いがありません。でも、だからといって、誰もが同じように着るのがいいわけではなくて。年代やスタイル、テイストに合わせた、ベストな着こなしがあるんです。そんなときも、変わらないマイベーシックがあると、トレンドも自分らしい着こなしになるのかなと思います。

4

3

2

7

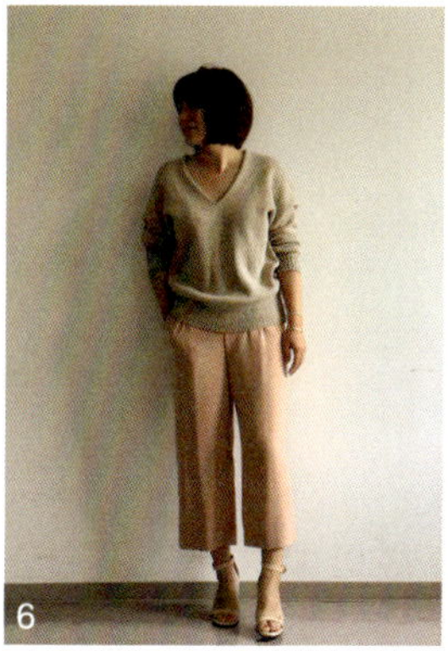
6

5

Ritsuko Mochizuki

女性ファッション誌、WEB、カタログなど幅広く活躍。ベーシックでいながら洗練されたスタイリングが働く女性から支持を集めている。著書に『望月律子のBASIC THEORY』(ワニブックス刊)がある。

1シャツ／マルロタ　パンツ／ロンハーマン　バッグ／フェンディ　靴／セルジオ ロッシ　**2**トップス／ロンハーマン　デニム／アッパーハイツ×ハウント別注　ネックレス／ノーブランド　バッグ／マリーアルタナ　サンダル／ミッシェルヴィヴィアン　**3**トップス／サンローラン　スカート／ソブ　サンダル／ファビオルスコーニ　**4**コート／ヴェルメイユ パー イエナ　ニット／ジルサンダー　デニム／ザラ　パンプス／サンローラン　**5**トップス／マカフィー　スカート／セリーヌ　バッグ／マリーアルタナ　サングラス／モスコット　シューズ／セルジオ ロッシ　**6**ニット／ドゥーズィエム クラス　パンツ／パシオーネ　サンダル／ジバンシィ　**7**ジャケット／アレキサンダー ワン　トップス／プラージュ　スカート／ルシェルブルー　バッグ／ソフィーヒュルム　ベルト／イエナ　シューズ／ピエール アルディ

snap

mi-mollet SNAP SNAP!

スタイル探しのヒントは街にある

1

2

ミモレを代表する企画として、スタート時から延べ800回以上、更新してきた「Snap Snap!」。おしゃれのヒントは街にある、をテーマに30〜50代のリアルなコーディネートを紹介してきた。今回はそのスナップのなかから定番アイテム別に、アクセス数の多かったベスト コーディネートをセレクト！

スナップはウェブマガジン mi-mollet の「Snap Snap!」に掲載された写真より転載しました。年齢等は掲載当時のものです。

もはや持っていない人はほぼいないだろう。カジュアルシーンに欠かせないのがデニム。色もブランドもシルエットも人それぞれ。自分を美しく見せるための一本を知り、それを自在にコーディネートできるのがおしゃれな人の共通点だ。

DENIM デニム

3

4

5

1 吉田祐子さん（37歳・身長156cm・八木通商PR）コート&トップス／エリオポール、デニム／セラー ドアー、バッグ／ジェローム ドレフュス、靴／セルジオ ロッシ　**2** 久保河内さなえさん（42歳・身長160cm・シュクラン ブランド ディレクター）トップス／ザラ、デニム／アクネ ストゥディオズ、バッグ／アンベル、靴／コールハーン×ナイキ　**3** 永山奈々さん（43歳・身長168cm・主婦）ジレ／ローリーズ ファーム、ニット／ザラ、デニム／ギャップ、バッグ／ルイ・ヴィトン、靴／コールハーン　**4** 碓永真夕さん（49歳・身長166cm・主婦）シャツ／アッパーハイツ、デニム／ハイク、バッグ／バレンシアガ、靴／レーヴ ダン ジュール　**5** 榎本洋子さん（38歳・身長165cm・ライター）コート／アダム エ ロペ、トップス／ユナイテッドアローズ、デニム／ロク、バッグ／サンローラン、靴／ザラ

6

7

6 赤羽真美さん（41歳・身長159cm・ハウント WEBオペレーター）シャツ／ハウント、デニム／アッパーハイツ、バッグ／マルタン マルジェラ、靴／セリーヌ　**7** 佐々木純子さん（36歳・身長156cm・プラステMD）ジャケット&トップス／プラステ、デニム／リーバイス（ヴィンテージ）、バッグ／イアクッチ、靴／ロベールクレジュリー　**8** 行方ひさこさん（42歳・身長170cm・ブランディングディレクター）ジャケット／イザベル マラン、トップス／ジェームスパース、デニム／サムシング、バッグ／ヴァジック、靴／ピッピシック　**9** 小口恵美さん（42歳・身長165cm・主婦）トップス／ヴィンテージ、デニム／ジョンリンクス、バッグ／プラダ、靴／アクネ ストゥディオズ　**10** 熊倉麻美さん（39歳・身長174cm・リエート代表）トップス／ギャップ、ジレ／エリン、デニム／カレントエリオット、バッグ／ニナリッチ、靴／サントーニ　**11** 和井田多佳さん（40歳・身長152cm・ジェーンスミス デザイナー）ジレ&靴／ジェーンスミス、トップス／イザベル マラン、デニム／エディットフォールル、バッグ／J.W.アンダーソン

8

9

11

10

12

13

14

15

16

17

12 上村倫子さん（46歳・身長161cm・salon nook_nail^{+}オーナー）トップス／ドゥーズィエム クラス、デニム／ユニクロ、バッグ／オペーク、靴／ザラ　**13** 発田美穂さん(41歳・身長158cm・エディター)ジレ／ドゥロワー、デニム／エンフォルド、バッグ／マルニ、靴／ピエール アルディ　**14** KEIKOさん(42歳・身長170cm・アクセサリーデザイナー)トップス／アイレネ、デニム／リーバイス、バッグ／ピエール アルディ、靴／ピッピシック　**15** 國分明子さん（44歳・身長160cm・マッキントッシュ ロンドン PR）シャツ／マッキントッシュ ロンドン、デニム／レッドカード、バッグ／セリーヌ、靴／クロエ　**16** 徳久珠美さん（44歳・身長171cm・ピアノ講師）トップス／ロク、デニム／ドゥーズィエム クラス、バッグ／シップスで購入、靴／ザラ　**17** 中山 賀恵さん（48歳・身長158cm・看護師）コート／クラス ロベルト カヴァリ、シャツ／ジェット、デニム／レッドカード、バッグ／マルニ、靴／ゴールデングース

TRENCH COAT トレンチコート

季節の変わり目に一枚は持っておきたいのがトレンチコート。トラディショナルなアイテムでも、色や素材、丈によって印象が大きく変わるから面白い。どんなコーディネートも格上げしてくれる、懐の深さがスナップからも分かる。

18

19

20

21

22

23

18 小林美紀さん（40歳・身長160cm・ベイクルーズ プレスディレクター）コート＆トップス／スピック＆スパン ノーブル、デニム／リーバイス、バッグ／レット アンド ハー、靴／レベッカ バルドゥッチ　**19** 水野優子さん（43歳・身長148cm・フリーランスPR）コート／ウィム ガゼット、ワンピース／ハートルーム、バッグ／フルーツケイク、靴／バルバラ ビュイ　**20** 志甫真弓子さん（39歳・身長163cm・演劇プロデュース・ユニット「阿佐ヶ谷スパイダース」メンバー）コート／オーマスヘンデ、トップス／アーキ、パンツ／ドミニコアンドサビオ、バッグ／グッチ、靴／チャーチ　**21** 生島香織さん（45歳・身長 172cm・アパレル販売員）コート／アクアスキュータム、ニット／ラッピンノット、バッグ／ヤーキ、靴／ワシントン　**22** 國分明子さん（42歳・身長 160cm・マッキントッシュ ロンドン PR）コート／マッキントッシュ ロンドン、ニット／ユニクロ アンド ルメール、スカート／ハイク、バッグ／マンサーガブリエル、靴／三陽商会　**23** 大竹祐希子さん（52歳・身長154cm・HRM プロデューサー）コート／シーズンスタイルラボ、トップス／ドゥーズィエム クラス、パンツ／オーラリー、バッグ／エルメス、靴／ファビオルスコーニ

24 KEIKOさん（42歳・身長170cm・アクセサリーデザイナー）コート／バッカ、ニット／トゥモローランド トリコ、デニム／レッドカード、バッグ／セリーヌ、靴／ピエール アルディ　**25** 堀川美香さん（43歳・身長168cm・自営業）コート&トップス／ルメール、パンツ／ネヘラ、バッグ／J.W. アンダーソン、靴／ロベール クレジュリー　**26** 藤井恵里子さん（40歳・身長169cm）コート／ドゥーズィエム クラス、トップス／ルミノア、スカート／ユナイテッドアローズ、バッグ／ソリ、靴／ルカ グロッシ　**27** 田中史子さん（46歳・身長164cm・薬剤師）コート／バーバリー、ニット&パンツ／ロンハーマン×テン、バッグ／エバゴス、靴／グッチ　**28** 津川愛子さん（43歳・身長169cm・ROPÉ チーフデザイナー）コート／ロペ エターナル、トップス&バッグ／ロペ、靴／チェンバー

25

26

27

24

28

29 勝谷律朱さん（40歳・身長165cm・アクセサリーデザイナー）シャツ&パンツ／ブランルビエ、バッグ／D&G、靴／セルジオ ロッシ　**30** 安部友子さん（46歳・身長169cm・会社員）シャツ／ユニクロ、スカート／トゥモローランド、バッグ／プラダ、靴／クリスチャン ルブタン　**31** 藤林美紀さん（37歳・身長 166cm・フリーランスPR）トップス＆スカート／アンスクリア、シャツ／ザラ、バッグ／ペリーコ、靴／ペリーコサニー　**32** KEIKOさん（43歳・身長 170cm・アクセサリーデザイナー）コート＆バッグ／セリーヌ、シャツ／ハイク、デニム／マカフィー、靴／チャーチ　**33** 樋之内恭子さん（44歳・身長165cm・ビューティーサロン「DECOLLTE」オーナー）シャツ／ドゥーズィエム クラス、パンツ／ザラ、バッグ／セルジオ ロッシ、靴／ジュゼッペ ザノッティ デザイン　**34** 東原陽子さん（55歳・身長160cm・会社員）コート／バーニーズ ニューヨーク、シャツ／フライ、パンツ／エージー、スカーフ／エルメス、靴／サルトル

29

30

31

32

33

34

35

36

37

38

39

35 矢崎海さん（38歳・身長156cm・会社員）コート／アストラット、シャツ／スタニングルアー、パンツ／ルシェルブルー、靴／ピッピシック　**36** 田畑幸代さん（44歳・身長165cm・会社員）帽子／キジマ タカユキ、シャツ／マディソンブルー、パンツ／デ・プレ、バッグ／ヴィオラ ドーロ、靴／プラダ　**37** 林聡子さん（47歳・身長164cm・主婦）コート／フォルテ フォルテ、トップス／ユニクロ、シャツ／バグッタ、デニム／アッパーハイツ、バッグ／ラ フォンタナ マジョーレ、靴／コーチ　**38** 野田千恵さん（40歳・身長163cm・会社員）コート／エンフォルド、シャツ＆ファー／マカフィー、パンツ／セリーヌ、バッグ／ロエベ、靴／グッチ　**39** 寺谷真由美さん（47歳・身長162cm・ビューティーサロン経営）シャツ／ラディアンス ド シセ、パンツ／ドゥロワー、スカーフ／エルメス、靴／トッズ

一言で白いシャツといっても、素材、シルエット、サイズ感によって、こんなにも着こなしの幅がある。だからこそ、たくさん試着して想像をふくらませて、ボトムやアウターとの組み合わせや季節ごとの装いをもっと楽しみたい。

WHITE SHIRT 白シャツ

カジュアルにも華やかにも演出できるのがワンピースの魅力。柄ものや鮮やかな色を上手にとりいれて、一枚で様になる着こなしをお手本にしたい。個性的なバッグ、靴など、小物の合わせ方も、スタイルを決めるポイントに。

DRESS ワンピース

40

41

42

43

44

40 佐藤治子さん（68歳・身長162cm・デザイナー）ワンピース／アクアスキュータム、バッグ／ハノイで購入、サングラス／バートン ペレイラ、靴／ロジェ ヴィヴィエ　**41** 松井陽子さん（44歳・身長 162cm・マイ ディアレスト ブルー ディレクター、フリーライター）ワンピース／RHC、バッグ／レベッカ ミンコフ、靴／レペット　**42** 下中美穂子さん（43歳・身長162cm・ファッションデザイナー、ディレクター）ジャケット＆ワンピース／ハウスコミューン、バッグ／サンローラン、靴／クリスチャン ルブタン　**43** 稲生京子さん（46歳・身長165cm・エディター）ワンピース＆バッグ／ヴィンテージショップで購入、デニム／アーネスト・ソーン、靴／ロフラー・ランドール　**44** 大日方久美子さん（40歳・身長165cm・パーソナルスタイリスト）ワンピース／SHOP CHANNELで購入、バッグ／ワイワイ、サングラス／アヤメ、靴／スティーブマデン

45 植原ほのさん（44歳・身長162cm・ストラスブルゴ ウィメンズディレクター）トップス／アリクアム、スカート／アールト、バッグ／デルヴォー、靴／ドッチョベントゥーリ　**46** 福田美和さん（43歳・身長163cm・スタイリスト）カーディガン／ウィム ガゼット、トップス／ロンハーマン、スカート／マディソンブルー、バッグ／ヴァレンティノ、靴／ザラ　**47** 山根亜希子さん（43歳・身長161cm・主婦）トップス／ユナイテッドアローズ、スカート／ウィム ガゼット、バッグ／アニヤ・ハインドマーチ、靴／クリスチャン ルブタン　**48** 高本千晶さん（41歳・身長159cm・デ・プレ バイヤー）シャツ＆スカート＆靴／デ・プレ、バッグ／オリビア・クレーグ　**49** 和井田多佳さん（40歳・身長152cm・ジェーンスミスデザイナー）トップス／ジェーンスミス、スカート／ブルーバードブルバード、バッグ／ランバン、靴／ファビオ ルスコーニ

45

46

47

48

49

40代からは圧倒的にロング丈かミモレ丈を選ぶ人が多かったスカート。シルエットや色、柄の大きさなど、自分に合ったものを選んで。スタイルアップして見せるコツはウエストマーク。高い位置だと、より脚長にすっきりと見える。

SKIRT スカート

55

50

52

51

53

54

50 高原千香さん（42歳・身長 162cm・PR）ジャケット／イネド、トップス／エフデ、パンツ／ルフトローブ、バッグ／マリオ ビアンキーニ、靴／ファビオ ルスコーニ　**51** 小野寺未佳さん（38歳・身長166cm・フリーPR）ジャケット＆トップス＆パンツ＆靴／エルフォーブル、バッグ／エイトシックスフォー　**52** 石崎由子さん（47歳・身長155cm・TOKYO DRESSプレス、urakuディレクター）ジャケット＆パンツ＆バッグ／TOKYO DRESS、靴／ファビオルスコーニ　**53** 井口幸世さん（36歳・身長158cm・ロペ マドモアゼル プレス）ジャケット＆デニム＆靴／ロペ マドモアゼル、トップス／ノーブランド、バッグ／クリスティーナヴィラ　**54** 池内俊子さん（48歳・身長163cm・イプセPR）ジャケット＆トップス＆パンツ／イプセ、バッグ／ステラ マッカートニー、靴／サンローラン　**55** 南リカさん（47歳・身長162cm）ジャケット／メドモワゼル、トップス／ビューティフリー アンルーリー、デニム／Lee×Cher、バッグ／セリーヌ、靴／グッチ

仕事シーンで欠かせないのがジャケット。デザインも形も豊富で、コーディネートも十人十色。中のインナーに何を合わせるかによって、印象も変わる。ジャケットをスマートに見せるためのコツはパンツのラインとコンパクトな髪型。

JACKET ジャケット

56

57

58

59

60

56 安田貴世さん（38歳・身長165cm・カラーボトルセラピスト）ジャケット／マディソンブルー、トップス／ジェームス パース、デニム／アクネ ストゥディオズ、バッグ／セリーヌ、靴／ミッシェル ヴィヴィアン　**57** 祐宗摩稚子さん（42歳・身長160cm・ファッションディレクター）ジャケット／ウィム ガゼット、シャツ&パンツ／ジェジア、ベルト／プントヴィータ、靴／サンローラン　**58** 二ノ宮和佳子さん（38歳・身長171cm・ファッションディレクター）ジャケット&トップス／ナノ・オドラント、パンツ／ナノ・ライブラリー、バッグ／ヤーキ、靴／ファビオ ルスコーニ　**59** 日比野京子さん（46歳・身長159cm・百貨店バイヤー）ジャケット／アストラット、トップス&パンツ／シーズンスタイルラボ、靴／ジャンヴィト ロッシ　**60** 髙木めぐみさん（50歳・身長170cm・会社員）ジャケット／バーニーズ ニューヨーク、トップス／マディソンブルー、パンツ／セリーヌ、バッグ／フェンディ、靴／セルジオ ロッシ

61

夏だけでなく、秋冬もインナーとして大活躍の白Tシャツ。シンプルなだけに、サイズ感、デザインなど自分にフィットしているかどうかが、おしゃれに見えるかどうかのカギ。スナップを見ると皆、自由に楽しんでいるのがわかる。

WHITE T-SHIRT
白Tシャツ

61 和井田多佳さん（40歳・身長152cm・ジェーンスミス デザイナー）トップス＆スカート／ジェーンスミス、靴／パロマ バルセロ **62** 坂田陽子さん（41歳・身長156cm・フリーアナウンサー）トップス／ラスティーク 代官山で購入、パンツ／3.1 フィリップ リム、バッグ／クリスチャン ルブタン、靴／セリーヌ　**63** 最勝久美子さん（39歳・身長157cm・ショールーム セッション PR）ベスト／カール ドノヒュー、トップス／ザ シークレットクロゼット、パンツ／エンフォルド、バッグ／ポティオール、靴／セリーヌ　**64** KEIKOさん（43歳・身長170cm・アクセサリーデザイナー）トップス／She's not me、スカート／ガリャルダガランテ、バッグ／サイモン ミラー、靴／ザラ　**65** 池内俊子さん（50歳・身長163cm・イプセPR）ジャケット＆スカート／イプセ、トップス／プレイボーイ、バッグ／メゾン マルジェラ、靴／サンローラン

62

63

65

64

67

66

68

69

70

71

66 根本久仁子さん（40歳・身長170cm・アパレルブランドPR）ジャケット&パンツ／ベラルディ、トップス／サンスペル、バッグ／サンローラン バイ エディ・スリマン、靴／ミュウ ミュウ　**67** 中山彩子さん（37歳・身長153cm・PR）トップス／レトロ ブランド、パンツ／ルーチョ バノッティ、ニット／ウィム ガゼット、靴／マノロ ブラニク　**68** 龍淵絵美さん（42歳・身長165cm・エディター）トップス／ヘインズ、パンツ／サカイラック、バッグ／アズディン アライア、靴／ピエール アルディ　**69** 清水美香さん（40歳・身長156cm・会社員）トップス／ギャルリー ヴィー、デニム／イエナ、バッグ／セリーヌ、靴／プラダ　**70** 福田かおりさん（42歳・身長162cm）トップス／アクネ ストゥディオズ、スカート／ドリス ヴァン ノッテン、バッグ／プラダ、靴／ミュウ ミュウ　**71** 石塚愛子さん（42歳・身長160cm・ユナイテッドアローズ 有楽町店 店長）ジャケット／メイル、トップス／ヘインズ、パンツ／ユナイテッドアローズ、バッグ／サイモンミラー、靴／ピッピシック

76

73

72

74

75

72 岸川あかねさん（47歳・身長163cm・主婦）コート＆トップス／マディソンブルー、パンツ＆帽子／ドゥロワー、バッグ／エルメス、靴／セリーヌ　**73** 小林三江子さん（42歳・身長163cm・フリーランスPR）トップス／アン ドゥムルメステール コレクション ブランシュ、スカート＆バッグ／プロエンザ スクーラー、帽子／アンブッシュ、靴／リック オウエンス　**74** 小路圭子さん（44歳・身長173cm・事務職）トップス／ユニクロ、パンツ＆靴／セオリー、バッグ／ガム ジャンニ キアリーニ、帽子／ラローズパリ　**75** 山根佐枝さん（50歳・身長160cm・カフェ店主、フリーランスエディター、ライター）トップス／ドーサ、スカート／バーンロムサイで購入、帽子／ボナ・カペロ、靴／ハワイアナス　**76** 内海仁美さん（39歳・身長166cm・会社員）帽子／プラージュ、トップス／アクアガール、パンツ／ザラ、バッグ／ピエール アルディ、靴／マノロ ブラニク

ヘアアクセサリーの感覚で取り入れたいのが帽子。もはや一年を通じて欠かせないアイテムだ。素材、色によって、イメージをがらりと変えられる。似合う形は人それぞれなので、おしゃれ上級者向けと思わず、気負わずにトライして。

HAT 帽子

77 名取妙子さん（39歳・身長165cm・会社員）ワンピース／ザラ、バッグ／ラドロー、帽子／スグリ、靴／ピッピシック　**78** 丹野みどりさん(42歳・身長169cm・フリーアナウンサー）シャツ／無印良品、カーディガン／ユニクロ、デニム／アッパーハイツ、帽子／オーバーライド、靴／ストラディバリウス　**79** 吉田綾さん（44歳・身長161cm・美容家）ジャンプスーツ／コウベレタス、帽子／H & M、バッグ／マイカ＆ディール、靴／レペット　**80** YUKIKOさん（41歳・身長161cm・主婦）帽子／カシラ、トップス／セント ジェームス、スカート／ノスタルジア、バッグ／ヴァレンティノ、靴／セリーヌ　**81** 高本千晶さん（40歳・身長159cm・デ・プレ バイヤー）トップス＆スカート／デ・プレ、バッグ／オーエーディー ニューヨーク、帽子／ジャック ルコー、靴／ルパート サンダーソン　**82** 中島朋加さん（40歳・身長158cm・主婦）帽子／メゾン ミッシェル、トップス／ドゥーズィエム クラス、スカート／ブルーバードブルバード、バッグ／フェンディ、靴／マノロ ブラニク

78

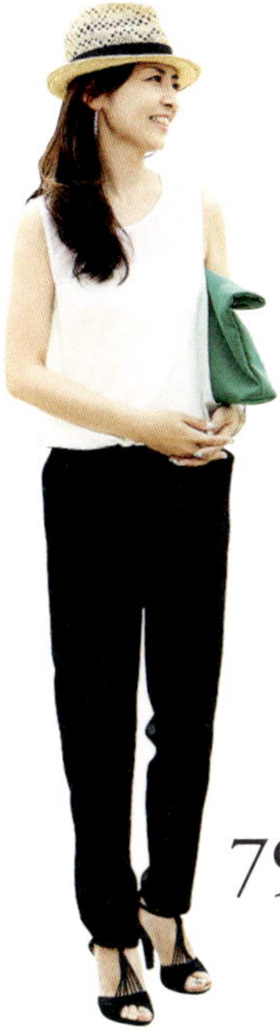

79

80

81

82

77

顔まわりが寂しくなってくる40代。だからこそインパクトのあるデザインが自然に似合ってくるのがピアスだ。また、洋服や靴よりも他人の視線が集まりやすいので、その人の個性も左右する。髪型とのバランスまでとれれば完璧。

PIERCE ピアス

83

84

86

85

83 柴田陽子さん（44歳・身長158cm・ボーダーズ アット バルコニー デザイナー、柴田陽子事務所 代表取締役）ワンピース／ボーダーズ アット バルコニー、バッグ／エルメス、ピアス／クリスチャン ディオール、靴／マッシモ デューティー　**84** 児玉香織さん（35歳・身長161cm・ハスナ PR）トップス＆パンツ／トゥモローランド、ピアス／ハスナ、バッグ／セルジオ ロッシ、靴／コールハーン　**85** 名和実穂さん（40歳・身長157cm・美人COMPANY ビューティーアドバイザー）コート／アキラ ナカ、ニット／アレキサンダー ワン、シャツ／フランク＆アイリーン、パンツ／インコテックス、靴／セリーヌ、バッグ／フェンディ、ピアス／リプモン
86 KEIKOさん（43歳・身長170cm・アクセサリーデザイナー）コート／エヌ リスト、トップス／デ・プレ、パンツ／ヘルムート ラング、ピアス／アグリオ、バッグ／セリーヌ、靴／チャーチ

91

87

90

89

88

87 佐藤果林さん（37歳・身長166cm・フリーランスPR）コート／ジャンポール ノット、ジレ／ザラ キッズ、トップス／ノット、パンツ／エンフォルド、ピアス／プリュイ、バッグ／イザベル マラン、靴／ピッピ シック　**88** 和井田多佳さん（41歳・身長152cm・ジェーンスミス デザイナー）コート&トップス／ジェーンスミス、パンツ&靴／セリーヌ、ピアス／ララガン、バッグ／ゴローズ　**89** 中本愛さん（41歳・身長 163cm・主婦）トップス／エンフォルド、パンツ／ザラ、ピアス／ジュリー サンドラゥ、バッグ／サンローラン、靴／ヴァレンティノ　**90** 日比野京子さん（46歳・身長159cm・百貨店バイヤー）オールインワン／ティーマット マサキ パリ、バッグ／トラス、ピアス／エスティー キャット、靴／ファビオルスコーニ　**91** 鈴木孝代さん（43歳・身長155cm・スタイリスト）ストール／ジョンストンズ、コート／エス マックスマーラ、トップス／ルシェルブルー、パンツ／トゥモローランド、ピアス／ノーブランド、バッグ／フェンディ、靴／ジミーチュウ

92 福島ひとみさん（48歳・身長170cm・主婦）コート／ノーブランド、シャツ／ラルフローレン、デニム／H&M、バッグ／リラ キャンベル、靴／アディダス　**93** 髙木めぐみさん（49歳・身長170cm・会社員）コート／マディソンブルー、ニット／セドリックシャルリエ、デニム／リーバイス（ヴィンテージ）、バッグ／J & M デヴィッドソン、靴／コンバース　**94** 髙原直子さん（40歳・身長166cm・セオリーPR）シャツワンピース&バッグ／セオリー、靴／アディダス　**95** 稲生京子さん（46歳・身長165cm・エディター）コート／ヘルムート ラング、トップス／ドゥーズィエム クラス、パンツ／ルシェルブルー、バッグ／ブランファン、靴／パトリック　**96** KAYAさん（39歳・身長163cm・主婦）コート／ロク、トップス&パンツ／ギャルリー ヴィー、バッグ／J & Mデヴィッドソン、靴／アディダス×ハイク　**97** 織田奈穂子さん（42歳・身長166cm・Lâchementディレクター）コート／マディソンブルー、ニット／ラスティーク、パンツ／サンドロ、バッグ／ヌメロ ヴェントゥーノ、靴／アディダス ファスト

オンでもオフでも、スカートでもパンツでも。スポーティなアイテムであるスニーカーを、ラフになり過ぎず抜け感をプラスするアイテムとして、上手にコーディネートしている人たち。キレイに履くコツ、ぜひ参考にしたい。

SNEAKERS スニーカー

98

99

100

101

102

98 黒沢祐子さん（40歳・身長165cm・ウエディング＆パーティデザイナー）ブルゾン／メゾン マルジェラ、カーディガン／ケイタマルヤマ、オールインワン／ヨーコチャン、バッグ／サンローラン、靴／グッチ　**99** 大口裕子さん（38歳・身長164cm・会社員）コート／ドゥロワー、ワンピース／ブラミンク、バッグ／マルニ、タイツ／ピエール マントゥ、靴／アディダス　**100** KEIKOさん（43歳・身長170cm・アクセサリーデザイナー）コート／エヌリスト、ニット／ギャルリー ヴィー、デニム／ザラ、バッグ／ヘルムートラング、靴／コンバース　**101** TOMOさん（36歳・身長168cm・会社員）ニット＆サングラス／セリーヌ、デニム／エージー、バッグ／エルメス、靴／ゴールデングース デラックス　**102** 発田美穂さん（43歳・身長158cm・エディター）シャツ／ドゥロワー、パンツ／アイロン、ショルダーバッグ／マンサーガブリエル、靴／アディダス×ハイク

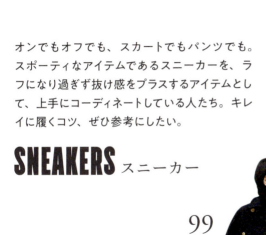

スタイルのある人、という印象を決定づけるのがヘア&メイク。髪型やメイクがその人の個性となっていること、コーディネートと自然にマッチしていること、そして髪にも肌にもツヤがあること。その条件をクリアしたスナップを選んだ。

HAIR AND MAKEUP

ヘア&メイク

103

104

105

106

103 根本久仁子さん（40歳・身長170cm・アパレルブランドPR）コート／海外で購入、トップス／ベラルディ、デニム／エージー、バッグ／セリーヌ、靴／チャーチ　**104** 山根亜希子さん（43歳・身長161cm・主婦）コート&ワンピース／ロク、タイツ／グンゼ、靴／フラテッリ ジャコメッティ　**105** 高橋美紀子さん（44歳・身長160cm・Le Plaisir フラワーデザイナー）ワンピース／アーキ、バッグ／セレクトショップで購入、ターバン／セ・トゥ、靴／BY　**106** 坂田陽子さん（43歳・身長156cm・フリーアナウンサー）ジレ／ハウントで購入、トップス／ダブルスタンダードクロージング、パンツ／ヘルムート ラング、バッグ／グッチ、靴／海外で購入

107

108

109

110

111

107 根津しずえさん（43歳・身長160cm・ヘアメイクアップアーティスト）ベスト／ヴィンテージ、トップス＆デニム＆バッグ／オオシマレイ、靴／エマゴウ　**108** 松崎育子さん（44歳・身長165cm・ファッションエディター）ニット／フォンデル、パンツ／ラヴァンチュール マルティニーク、バッグ／グアナバナ、靴／ハイク×アディダス　**109** 植原ほのさん（44歳・身長162cm・ストラスブルゴ ウィメンズディレクター）ニット／アリクアム、スカート／セドリック シャルリエ、バッグ／ミチノ、靴／セリーヌ　**110** 小林三江子さん（44歳・身長163cm・フリーランスPR）ジャケット／サンローラン、ベスト／サカイ、パンツ／ハイク、バッグ／プロエンザ スクーラー、靴／アディダス オリジナルス バイ ハイク　**111** 足立優子さん（42歳・身長164cm・フリーランスPR）オールインワン＆カーディガン／アイディー デイリーウェア、バッグ／ランバン、靴／ルコライン

112

113

114

115

116

112 渡邊麻子さん（45歳・身長160cm・フリーランスバイヤー）コート＆パンツ／エディット フォー ルル、トップス／マリマロ、バッグ／カシオペア　**113** 矢崎海さん（39歳・身長156cm・会社員）トップス／シーワ、パンツ／アーバンリサーチ、バッグ／プラダ、ストール／ユナイテッドアローズ、靴／アダム エ ロペ　**114** 日比理子さん（37歳・身長163cm・ファッションアドバイザー）ニット＆パンツ／アズールエンカント、バッグ／サンローラン、靴／ルタロン　**115** 和井田多佳さん（40歳・身長152cm・ジェーンスミス デザイナー）ワンピース／スリーピージョーンズ、バッグ／J.W.アンダーソン、靴／ファビオ ルスコーニ　**116** 棚田蘭子さん（38歳・身長164cm・エストネーションPR）コート＆ニット／エストネーション、パンツ／08サーカス(エストネーション別注)、靴／マリサレイ

coaching

第3章
自分のスタイルを見つけるためのコーチングシート

監修＝大草直子、ミモレ編集部

おしゃれコーチングとは？

体型、好きなもの、なりたいイメージ、見られたいイメージを自らに問いかけ、自分だけの目指すべきスタイルを明確にしていく作業です。そのプロセスでは、第三者の声も参考にしていきます。それらを自分自身できちんと承認していく。その対話を繰り返すことで、おしゃれがどんどん自発的で楽しいものへと生まれ変わるでしょう。

コーチングシートの書き方

- 書き直しができるように、消すことができるペンやえんぴつで書きましょう。
- 1日でやろうと思わずに、じっくり落ちついた環境で行いましょう。
- 誰かのマネをしようとしてはいけません。これはあなただけの作業です。
- 悩みすぎないで、設問によっては直感に頼るのも大事です。
- どうしてもできない項目は飛ばしても大丈夫。義務ではないので楽しみながら行いましょう。

STEP 1

「自分を見つめます」

さあ、これから自分のスタイルを見つける一歩を踏み出しましょう！自分のことを内から外からよく観察します。認めたくない現実もあるかもしれません。でも正直に、目をそむけないで。

Q1 まず鏡の前で自分をよく観察してみましょう。可能なら誰かに（もしくは自分で）前から、横から、後ろから、全身の写真を撮ってみて。以下からあてはまるものに◯をつけましょう。

●どんな体型ですか？

痩せている

太っている

中肉中背

寸胴（ウエストが太い）

上半身より下半身が太い

胸が大きい

胸が小さい

肩幅が広い

脚が太い

脚が細い

お尻が大きい

デコルテが痩せている

二の腕が太い

その他（　　　　　　　　　　）

●体の肌の色はどんな色ですか？

白い

黄みがかった肌色

赤みのある肌色

浅黒い

日焼けしている

●髪の色は何色ですか？

黒

濃いブラウン

明るいブラウン

白髪

●瞳は何色ですか？

黒

濃い茶色

薄い茶色

Q2 他人からどんなふうに褒められたら嬉しいですか？　以下からあてはまるものに○をつけましょう。（いくつでも）

女っぽい	しっかりしている
ヘルシー	かわいらしい
親しみやすい	優しい
若く見える	おだやか
元気	端正
明るい	個性的
エレガント・品がある	タフで自立している
ボーイッシュ	華やか
さばさばしている	凛としている
落ち着いている	クール
頭がよさそう	その他（　　　　　　　　）

Q3 あなたのコンプレックスはなんですか？　体型、性格、対人関係、なんでも書き出してみましょう。

NAOKO'S COMMENT

STEP1の選択に正しい答えはありません。あくまで自分を知るため、見つけるためのステップです。

STEP 2

「ワードローブを見てみましょう」

あなたのクローゼットを開けて、ワードローブ全体の傾向を客観的に見てみましょう。今、持っているものを知ることが、スタイルを見つけるための早道です。

Q1 何色が多いですか？

その理由は？

NAOKO'S COMMENT
ワードローブはできれば1年間のアイテムを見てみましょう。
難しい場合は春夏、秋冬、どちらかでもOKです。

Q2 どんなアイテムが多いですか？

その理由は？

Q3 オンとオフによく着る代表的なアイテムはそれぞれ何ですか？

オン

オフ

Q4 Q3で最初に頭に浮かんだアイテムを軸に、コーディネートを3パターンずつ考えてみましょう。

オン

❶

❷

❸

オフ

❶

❷

❸

STEP 3

「過去のファッションストーリーをたどります」

子どものころや学生時代に好きだったファッションや傾向を知ることで、自分のスタイルのルーツを探ってみましょう。過去の写真などを見ながら、よく思い出してください。

Q1 人生で一番最初に買ったブランドのバッグは何ですか？

そのバッグを手に入れたかった理由は？

Q2 中高生のころ、よく読んでいた雑誌は何ですか？
注目していたファッションモデルは誰ですか？

好きだった理由はなんですか？

Q3 子どものころ着ていた一番のお気に入りの服はどんな服ですか?

NAOKO'S COMMENT

子どものころが思い出せない場合は、学生時代など思い出せるかぎり過去に遡ってみてください。

STEP 4

「今のスタイルを確認します」

STEP4がこのシートで一番ボリュームがあるステップです。一度にやろうとしなくてもOKです。ファッションのことだけではなく、ヘア&メイクも含め、トータルで考えます。

Q1 あなたがおしゃれだと思う人は誰ですか？　一人、挙げてみましょう。その人の好きなスタイルの写真や切り抜きを貼ってみてもいいですね。

NAOKO'S COMMENT おしゃれだと思う人、素敵だと思う人なら誰でもOK。過去の人でも外国人でも家族でも友人でも、幅広く探して。

Q2 その人のスタイルが好きな理由を5つ、挙げてみましょう。

❶

❷

❸

❹

❺

Q3 今、あなたの服選びのポイントは？　以下からあてはまるものに○をつけましょう。（いくつでも）

流行っている

みんなが着ている

他の人と絶対に被らない

着心地がいい

サイズがぴったり合っている

好きな色である

憧れの人が着ている

お手頃価格である

自分に似合っている

長く着られる

その他（　　　　　　　　　　）

Q4 10年以上、愛用し続けているファッションアイテムは？

Q5 ニューヨーカー、パリジェンヌ、ミラネーゼ、ロンドンマダム、なりたいイメージに近いのは？

その理由は？　そしてそこから引き出されるキーワードは？

Q6 あなたが髪型が素敵だな、と思う人は誰ですか？　あれば写真や切り抜きを貼ってみましょう。

その理由は？

Q7 あなたがメイクが素敵だな、と思う人は誰ですか？　あれば写真や切り抜きを貼ってみましょう。

その理由は？

Q8 どこか1ヵ所しかメイクできないとしたら、どこをメイクしますか?

その理由は?

STEP 5

「他人からどう思われているかチェックします」

他人からどう見えているか客観的にとらえることで、自分に似合うものを知ることも大切です。家族、友人、パートナー、職場の同僚など聞きやすい人に聞いてみましょう。

Q1 身近な人に、どういう服を着ているときの自分が好きかと、その理由を聞いてみましょう。

Q2 他人から褒められる服の色は？

Q3 他人から褒められる髪型は？

Q4 他人から褒められる体のパーツは？

NAOKO'S COMMENT
聞く相手はお子さんでもだれでもOKです。ただしショップの店員さんなどはやめましょう。

STEP 6

「未来のあなたのスタイルを描きましょう」

では、最後にあなたの将来を少し想像してみましょう。現実や金銭的なことはこの際考えるのはやめて、自由に想像を膨らませて。

Q1 10年後、やっていたいことは何ですか?

Q2 60歳を超えても似合っていたいファッションアイテムは?

Q3 近い将来、欲しいと思っている時計は何ですか?

STEP 7

「シートを読み解いてみましょう」

お疲れ様でした！　さあ、やってみていかがでしたか？　それぞれの答えから何が見えてくるのか、最後に分析してみます。

STEP 1を読み解く　「自分を見つめます」

このステップを通じて、**自分という“素材”を冷静に客観的に分析し、認めてあげましょう**。自分という“素材”は年齢でも、季節でも変わるし、場合によっては毎日変わります。敏感に“素材”の変化をキャッチすることが大切です。鏡や写真などを通じて、子細に自分を眺めること、そのクセをつけましょう。カラー診断などで出た答えは一度、横に置いておいて。自分を見つめた上で、服を選ぶのです。

例えば、**Q1**の瞳の色。目は他人が最初に見るところのひとつです。つまり、その人の印象が決まるところ、といっても過言ではありません。瞳の色がきれいに映える色の服を選べば、より他人に印象的に映ります。

Q2で、あなたの目指す女性像がよりクリアになることでしょう。「褒められたら嬉しい」＝あなたが本当に求めている女性像です。例えば、いつもコンサバな服を着ているのに、個性的で自由な人だと思われたい、というような人は、服と目指す女性像が合っていませんよね。

Q3で、最初に出てきた答えは何でしたか？　それが、あなたが今、一番気にしていること。解決するのか、そのまま受け入れて生かすのかはあなた次第です。

あくまで自分を知ることが目的なので、正しい答えはありません。**自分自身、それが答え**です。

STEP 2を読み解く 「ワードローブを見てみましょう」

クローゼットをあらためて眺めてみて、いかがでしたか? 同じようなものばかりの人もいれば、バラバラのテイストばかりの人もいることでしょう。まず、**中身を客観的に認識することが大切**です。

それをふまえて、**Q1、Q2**で大事なのは理由。「痩せて見える」「老けて見えない」「何にでも合う」「無難」「みんなが着ているから」。そういったコンプレックスを隠したり、他人に決定権を預けているようなネガティブな理由で選んでいるワードローブは、今すぐ見直すのがおすすめです。ちなみに、「痩せて見える」「老けて見えない」という理由で選んでいる服は、「痩せて見えない」し「老けて見える」もの。例えば、痩せて見えるアイテムとしてチュニックがありますね。これは、オードリー・ヘップバーンのような長くて細い手足があってこそ、痩せて見える服。痩せているように見せたい人は、ウエスト位置をしっかりマークしたほうがいいんです。
「着ているといつも褒められる」「コーディネートが自在になる」「とにかく好き」といった、**ポジティブな理由が並ぶワードローブが理想**ですね。

Q3で一番最初に挙がったオン、オフのアイテムが、あなたのコーディネートを支えるキーアイテム。なので、**Q4**で3パターンずつコーディネートが思いつかなければ、それは応用のきかない服かもしれません。もしそれが高価なものだったら、コストパフォーマンスも悪いですよね。コーディネート力は想像力です。頭をちゃんと使ったおしゃれを練習してみましょう!

STEP 3 を読み解く
「過去のファッションストーリーをたどります」

自分のルーツをたどることは、今、とても大切なこと。

Q1 で選んだ答えには、あなたの“おしゃれの本質”が隠れているかもしれません。

「みんなが持っているから」「高いから」「ロゴが好きだから」「ブランドやアイテムに隠されたストーリーが好きだから」「ステイタス」など、さまざまな理由が並ぶことでしょう。「おしゃれは虚栄心」、でもいいのです。その理由こそが大切。こういう本質もあるんだと、分かるはずです。

Q2、**Q3** の答え、あなたのベーシックはここにあるかもしれません。純粋な気持ちで好きだ、といえるものは何でしたか？　その気持ちを、流行や体型、年齢、一般常識などに捉われて、忘れていませんか？

STEP 4を読み解く　「今のスタイルを確認します」

シートの中でもここが一番のボリュームゾーンでしたね。お疲れ様でした！

Q1、**Q2** で大切なのもやはり**Q2**の理由です。５つの理由の中で①に挙がったものが、今、あなた自身が最も求めているものなのです。

Q3で１番目、２番目に丸をつけた項目が、最もスタイルを作る上で大切にしていること。例えば着心地が良い、ということであれば、躊躇せずに素材に投資しましょう。流行っていることが大事なのであれば、逆にワードローブの７割をベーシックなアイテムにし、予算は、その３割にかければ良いのです。大事にしていることをクリアにすることで、ワードローブを揃えること、それを着た自分のイメージ操作を、効率的にプラン（計画する）できるのです。

Q4の答えがある人、ひとつのものを大事に愛し続けることは素晴らしいこと！今後も10年といわず何十年でもケアして大切にしてください。**おしゃれにも神様はいます**。何でもかんでも安価で手に入れてはすぐに手放してしまう風潮が強くなっている今の時代、おしゃれから返ってくるものが必ずあるはずです。

Q5 も、イメージはどれでもいいのです。その理由とキーワードが、あなたがなりたいイメージそのものなのです。キーワードがたくさん浮かんだ人は、上位３つを注意深く見てみましょう。

Q6、**Q7** で挙がった人のマネをしましょう、ということではありません。その髪型やメイクが似合う似合わないは、人それぞれ違います。この質問によって、**ヘアとメイクがファッションと同じくらい大切だ**、ということが分かりましたか？　服だけではなく、もっともっと自分に似合うヘアメイクも、真剣に考えてみましょう。

Q8 この1ヵ所は、ずばり、あなたが一番コンプレックスに思っていたり、見られて恥ずかしい、と思っているパーツではないですか？　次から、そのパーツは最後にメイクしましょう。まず、あなたが好きなパーツや、「今日はこのアイテムを使いたいな」というところからメイクを始めて、そこに時間をかけるのです。自信がないパーツのメイクは、そもそも濃くなりがち。だから、歳を重ねるとコンプレックスを隠そうとしてメイクが濃くなり、顔のバランスが古くなるのです。**まずはあなたが自信のあるところからメイクを始めて**。顔のバランスが新鮮になり、新しい発見があるかもしれませんよ。

STEP 5を読み解く「他人からどう思われているかチェックします」

おしゃれな人とは、他人の目線と自分の目線のバランスがとれている人。大人になるに従って自分軸が強く、より頑固に思い込みも強くなっていきます。一方で、「○○がこう言っているから」「流行っているから」「モテそうだから」という他人軸だけでもダメ。

自分軸と他人軸のバランスをとるためにも、人に意見を聞きましょう。今、あなた自身の考える自分らしさに凝り固まっていませんか？　ここで挙がった他人の視点を大切にすると、新しいスタイリングが見つかるはずです。

ここで、「他人には聞きにくいわ」という方はいませんか？　それはあなたが客観性を意識していないということ。おしゃれを更新するためには、聞くことも大切なのです。「面倒くさいな」「聞きたくないな」という気持ちを乗り越えないと、おしゃれも自分も変われませんよ。

STEP 6を読み解く
「未来のあなたのスタイルを描きましょう」

これで最後です。ファッションの未来を夢想すると、人生も豊かになりますよ。なぜなら、あなたのスタイルが、人生そのものだから。

Q1 で挙がった、**やっていたいことと最もリンクするファッションを考える**と、楽しくないですか？　例えば「孫の世話をしたい」という方なら、コットンやカシミアなど素材のいい、触れて気持ちのいい服を少しずつ揃える。「旅をしたい」、という方は、いっそワードローブを断捨離していって、旅に向けた軽やかでコンパクトなクローゼットにしてみても。

Q2 で挙がったアイテムが似合うような自分になりましょう。エルメスのケリーバッグなら、品格ある女性に。デニムやミニスカートなら、今からほどよく運動して体をメンテナンスしておくといいかもしれません。

Q3 の**時計は女性像を如実に表すもの**。欲しい時計から目指している女性像を読み解くこともできますし、逆に「こうなりたい」という女性像から、時計を見つけることもできます。例えば、ゴツい、メンズライクな時計なら自立したタフな女性、ジュエリーのような華奢な時計なら、華やかでエレガントな女性、というように。あなたはどんな時計を挙げましたか？

いかがでしたか？　長所もコンプレックスも含めて自分を見つめ直し、他人から見える自分を認識するだけで、おしゃれへの意識が変わったのではないでしょうか？　それがこのコーチングシートの目的。自分のスタイルを築き上げるためのヒントがここにあります。迷ったら、いつもこのシートに立ち戻って。そこに答えがあるのだから。

Your style is you.

Naoko Okusa

ショップリスト

アマン　03-6805-0527

ウームス オフィス　03-6303-0349

サザビーリーグ（エキップモン）　03-5412-1937

シェルマン 新宿・伊勢丹本館３Ｆ　03-6273-2335

ジャンヴィト ロッシ ジャパン　03-3403-5564

ショールーム セッション　03-5464-9975

チェルシーフィルムズ　www.sinme.jp

ストラスブルゴ　0120-383-653

タア トウキョウ　03-6276-6955

TASAKI　0120-111-446

ティファニー・アンド・カンパニー・ジャパン・インク　0120-488-712

ブライトリング・ジャパン　03-3436-0011

ブルックス ブラザーズ ジャパン　0120-185-718

ボン マジック　03-3303-1880

マディソンブルー　03-6434-9133

ミキモト カスタマーズ・サービスセンター　0120-868-254

1LDK AOYAMA HOTEL　03-5778-3552

※こちらには本書用にブランドやショップより借用したものに限り、お問い合わせ先と電話番号を掲載しています。P22以降の私物で、このページに記載のないブランドにつきましてはお問い合わせをお控え頂きますようお願い致します。

ウェブマガジン　mi-mollet《ミモレ》

mi-mollet（ミモレ）は成熟に向かう女性たちに向けて2015年にスタートしたウェブマガジンです。編集長はスタイリストの大草直子。ファッション、美容、健康、生き方など、女性たちのリアルに寄り添い、年齢を重ねた今のほうが楽しいと感じられるようなコンテンツを日々提供しています。イベントや記事のコメント欄などを通して、読者とのコミュニケーションを密に行っており、一日に何度も見に来るコアなファンの方を多く抱えていることでも知られています。

http://mi-mollet.com

構成	ミモレ編集部
撮影	Yusuke Miyazaki［SEPT/表紙・P6−19、P48−53］、 YUJI TAKEUCHI［BALLPARK/P22−31］、目黒智子［P40−47］、 大坪尚人［P32−39］、Yas［P56−63］
取材・文	大草直子［P6−19］、河合映江［P22−53］、井筒麻三子［P56−63］、 幸山梨奈［P64−73］
イラスト	小澤真弓
モデル	Anna Feoktistova［ZUCCA/表紙・P6−19、P48−53］
スタイリング	大草直子［表紙・P6−19、P48−53］
ヘア	Dai Michishita［表紙・P6−19、P48−53］、宇津木剛［PARKS/P22−31］
メイク	吉川康雄［表紙・P6−19、P48−53］、島田真理子［um/P22−31］
ヘアメイク	小澤実和［P40−47］
アートディレクター	高田唯［Allright Graphics］
デザイナー	山田智美［Allright Graphics］

自分《じぶん》のスタイルが見《み》つかる
おしゃれコーチング
mi-mollet BOOKS Vol.1

2018年5月16日　第1刷発行

著者	ミモレ編集部《へんしゅうぶ》
発行者	渡瀬昌彦
発行所	株式会社 講談社 〒112-8001 東京都文京区音羽2-12-21
編集	☎ 03-5395-3814
販売	☎ 03-5395-3606
業務	☎ 03-5395-3615
印刷所	大日本印刷株式会社
製本所	大口製本株式会社

定価はカバーに表示してあります。

ISBN 978-4-06-221036-2